自治体議会政策学会叢書

市民参加の新展開

世界で広がる市民参加予算の取組み

兼村高文 [編・著]
明治大学公共政策大学院教授

洪 萬杓 [著]
韓国忠清南道国際チーム長

ロザリオ・ララッタ [著]
明治大学公共政策大学院特任准教授

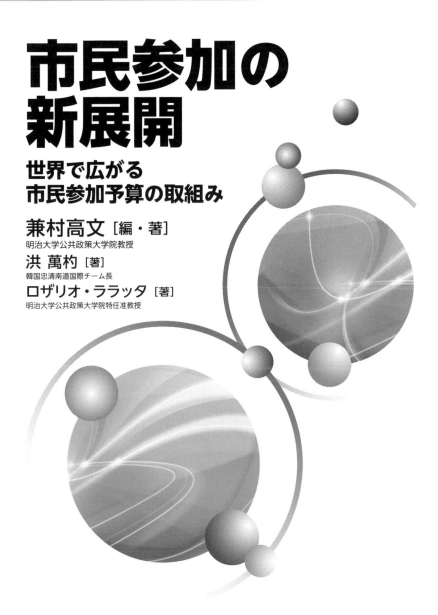

イマジン出版

目　　次

はじめに ……………………………………………………………… 6

I　市民参加これからのカタチ ……………………………… 9

1　地方政治の危機と市民参加の台頭 ………………………… 10
　1－1　投票率で見る市民の政治参加度 ……………………… 10
　1－2　限られた市民による意思決定 ………………………… 13
　1－3　どこまで登ってきたか「市民参加の階段」… 14

2　代表制民主主義の危機と市民参加の役割 ……………… 18
　2－1　代表制民主主義は危機なのか ………………………… 18
　2－2　代表制民主主義を補完する市民参加 ……………… 21

3　公共経営論（NPM）から公共ガバナンス論（NPG）
　　　へのパラダイムシフトと市民参加 …………………… 26
　3－1　改めて公共経営論を考える …………………………… 26
　3－2　公共ガバナンス論の展開 ……………………………… 31
　3－3　公共圏における市民参加 ……………………………… 33

4　市民の真の意見を探る市民参加のカタチ ……………… 36
　4－1　討議デモクラシー論の出現 …………………………… 36
　4－2　討議デモクラシーの実践 ……………………………… 41
　　4－2－1　討議型世論調査 …………………………………… 41
　　4－2－2　計画細胞会議 ……………………………………… 43
　　4－2－3　市民討議会 ………………………………………… 43
　　4－2－4　コンセンサス会議 ………………………………… 44
　　4－2－5　市民陪審 …………………………………………… 45
　　4－2－6　市民参加予算 ……………………………………… 45
　4－3　討議デモクラシーの実践：まとめ …………………… 46
　4－4　市民の真意をどう汲み取るか ………………………… 48

II 市民参加予算の登場と広がり
―世界の動きと日本の現状― ……… 51

5 市民参加予算とは ……… 52

6 市民参加予算の誕生―ブラジル・ポルトアレグレ市から始まった市民参加予算― ……… 55
- 6－1 ポルトアレグレ市の導入経緯
  ―労働者党市長のイニシアティブ― ……… 55
- 6－2 ポルトアレグレ市の参加予算の仕組み ……… 57
- 6－3 ポルトアレグレ市の取組みの評価とその後… 59

7 市民参加予算の世界への広がり ……… 64
- 7－1 世界の動向
  ―世界的な広がりをみせる市民参加予算― ……… 64
- 7－2 各国の事例 ……… 65
- 7－2－1 イタリアから始まった
  ヨーロッパの市民参加予算 ……… 66
- 7－2－2 イギリスの取組み―NGO主導から国の政策へ―… 68
- 7－2－3 北アメリカの大都市で
  政治主導で始められた参加予算 ……… 75
- 7－2－4 ドイツで広まる「市民予算」……… 83
- 7－2－5 韓国政府が全地方政府に義務付けた
  住民参与予算制 ……… 86
- 7－2－6 ハンガリーの国民参加予算：
  パーセント法―NGO支援の取組み― … 92
- 7－2－7 その他の国の事例 ……… 95

8 日本の市民参加（型）予算
  ―市民参加による意思決定の事例― ……… 99
- 8－1 日本の市民参加の現状 ……… 99
- 8－2 日本の市民参加（型）予算の事例 ……… 101
- 8－2－1 市税の使途を納税者（市民）が決める「市民活動支援制度」―市川市と一宮市の事例等― … 101

8－2－2　予算編成過程の公開
　　　　　　　―鳥取県、京都府京丹後市― ……………… 104
　　　8－2－3　市民が予算案を作成した事例―埼玉県志木市―… 105
　　　8－2－4　広がる市民参加と市民協働 ……………… 106

Ⅲ　新たな市民参加のガバナンスをどう築くか
　　―市民参加（型）予算の制度設計― ……………………… 111
　9　市民参加（型）予算のデザイン …………………… 112
　　　9－1　ポルトアレグレ市参加予算の功績 …………… 113
　　　9－2　市民参加（型）予算の事例から探る類型…… 116
　　　9－3　市民参加（型）予算の原則・試論 …………… 118
　10　市民参加のアカウンタビリティ …………………… 121
　　　10－1　"市場の失敗"、"政府の失敗"、"民主主義の赤字"に
　　　　　　どう対応するのか―効率性と民主性の追求― …… 121
　　　10－2　事業仕分けと市民参加予算のアカウンタビリティ 125
　　　10－3　公共圏のアカウンタビリティ：だれが、どう果たすのか
　　　　　　―官民双方の責任ある意思決定メカニズムの構築に向けて― … 128
　11　これからの市民参加のガバナンス：
　　　予算の財政民主主義に関わって ……………………… 131
　　　11－1　市民参加予算と財政民主主義 ………………… 131
　　　11－2　市民参加のガバナンスのカタチ ……………… 132

・参考資料：韓国住民参与予算制に関する資料（日本語訳）… 134
　　地方財政法第39条
　　地方財政法施行令第46条
　　忠清南道「道民参与予算制運用条例」
・参考文献 ……………………………………………………… 138
・編・著者紹介 ………………………………………………… 145
・コパ・ブックス発刊にあたって …………………………… 146

はじめに

　20世紀に入り急速な近代化で飛躍的な成長を遂げてきた西側先進諸国は、アメリカの強大な軍事力のもとでパクス・アメリカーナの世紀を謳歌してきたが、20世紀末から21世紀にかけて東西冷戦の終結とともに世界は新たな枠組みを求めて国家の再編、民族の再興、地域経済のブロック化などへと動き出した。ソ連邦の崩壊から中東欧の民主化の過程では、民族の違いや宗教上の対立から新たな紛争を激化させ、各地で血みどろの戦争が繰り返されてきた。民主化を支援するアメリカは、もはやパクス・アメリカーナの時代は終焉したにもかかわらず、軍事力で制圧し続けたことが仇となり、テロとの戦いに挑まざるをえなくなった。イデオロギーから民族や宗教を対立軸としたテロとの脅威に世界がさらされることになった。そしてようやく中東も民主化への途が開けてきたかと思われた"アラブの春"も再び紛争の中に巻き込まれてしまった。

　こうして始まった21世紀は、どこも先が見通せないでいる。このことは、国家・政府が"ガバメント"から"ガバナンス"へと呼称を変えてきたことからも窺える。ガバメントの強力な国家統治体制は、2008年9月のリーマン・ショック、そして2011年初から表面化してきた欧州のソブリン危機にも見られるように、国家がグローバル化のなかで国民から経済までもはや秩序づけられないことを改めて証明した。また日本の経済社会も"政府の失政"から長いデフレ下に置かれてきた。そして加速する少子高齢社会への明るい展望は、なかなか描けない状況

にある。

　今日のカオスとも言うべき状況を打破し展望を開くためには、だれが、どのように、なにをすべきか。政府か、市民（住民）か、あるいは官民協働の組織なのか。とくに公共圏（public sphere）の問題は、市民によって選ばれた代表が議会で最終的に決めるのが基本であるが、大方が感じているように、今日の代表制民主主義は投票率の低下傾向にみられるように、政治とともに信頼を欠きつつある。かといって民主国家ではこれに代わるものはない。代表制民主主義を維持しつつ、多くが納得のいくような民主社会はどう構築すればよいのか。

　本書は、こうした混迷する公共圏のガバナンスにおいて、政治・行政が市民と責任を共有しながら公共圏の意思決定に参加する仕組みを「市民参加予算」をとおして論じている。これまでも市民参加は言われてきたが、参加する市民は特定の人々に偏っていたり、参加しても言いっぱなしであったりなど、攻撃型の参加であることが多い。今日のガバナンスは、政府の責任（アカウンタビリティ）に加えて、参加する人々や団体等も政府と同様に公共圏の意思決定に関わることで責任を持つ意識が求められる。かつての民主党政権で注目を集めた"事業仕分け"は、政治・行政への攻撃に終始した印象が強い。事業の見直しは必要であるが、公共サービスの評価は価格だけでは判定できないところがある。事業の将来的な効果を含めて評価することは難しい。感覚的な視点で仕分けをすることは場合によっては弊害も生じる。科学技術費への攻撃には学者からの批判も多かった。

　こうした事業の結果に対する評価より、その事業を選択する段階——予算編成ないし計画策定——を評価し選択するほうが有効であるように思われる。もちろん執行の効

率性や効果性のチェックは必要であるが、限られた資源の有効活用という点からは、予算の段階で事業の取捨選択や優先順位付けに市民が関わることも有益であろう。ただしその際には、市民に必要な見識や知識を持ってもらうことが重要な要件となる。長きにわたり一般市民の政治参加が低迷している現状を鑑みれば、それを補完するものとして、市民の直接参加の仕組みは不可欠の段階に来ている。代表制民主主義を基本としながら、それを補完する直接民主主義のツールとして市民参加予算は検討に値する。ここでは、世界で広がり始めている市民参加予算の事例を紹介し、わが国で今後、どう市民参加を進めていくのか、市民参加予算を手掛かりに1つのカタチを論じている。

I
市民参加
これからのカタチ

市民参加これからのカタチ

　公共圏（public sphere）を取り巻く環境は、政治・行政・（地域）社会などそれぞれに問題を抱えている。政府ガバメントは、それ自身では公共の多様なニーズに対応することが難しくなり、また独占的に多様な公共サービスを提供するための資源やノウハウが欠乏してきたことにより、市民、非営利組織（NPO）、企業等の利害関係者（ステークホルダー）と協働（coproduction）して、新たな公共の統治＝パブリック・ガバナンスを模索してきた。ここにおいて、市民参加（Citizen Participation）は、各国で重要な役割を担うようになってきた。日本でもさまざまな市民参加の動きがみられ、制度化されてきたものもある。これまでの市民参加とこれから市民参加のカタチを考えてみよう。

1　地方政治の危機と市民参加の台頭

　投票率が年々下がっている。世界的な傾向でもある。有権者の政治への関心は低い。地方政治では一部で"減税日本"や"大阪維新の会"など地域政党が注目されたケースもあったが、全体では低調である。市民参加を論ずる前に地方政治の現状をみよう。

1－1　投票率で見る市民の政治参加度

　投票率は政治参加の1つのバロメーターである。図表Ⅰ－1は、戦後の投票率の推移を示している。衆議院議員と市区町村議員の投票率をみると、1951／52年をピー

クに下がり続けてきた。直近の2015年の統一地方選でも、知事と市区町村の首長選挙はかろうじて50％台を維持したものの、地方議員選挙は2011年に続いて50％台を割り込んで最低記録を更新している。また国政選挙をみても、選挙の争点によって高まるときはあるが、傾向としては低下している。

　投票率はまた年齢によって大きな差がある。若年ほど低い傾向がみられる。若者の政治離れは今にはじまったことではないが、20歳代の低さが目を引く。これに対して60歳代はつねに70％台を維持している。このことを政治は当然に把握しているから、政策は60歳代以降の年齢層をターゲットにする。財政危機に直面しながら、年金改革では負担を先送りする一方で、給付面に手を付けてこなかったのは（デフレ下で年金物価スライドの凍結）、こうしたことが背景にあろう。

　若年層を中心とした政治離れは、"無党派層"（independent voters）ないしは"支持なし層"を生み出してきた。無党派層はアメリカで1960年代から認識されはじめ、当初は数％台であったが、学生運動が始まった70年代に入ると日米ともに20％台に達していた。とくに1993年の細川政権から政党の離合集散が繰り返されると政党離れが加速し、1995年には無党派層は50％にも上ったとの調査もある[1]。しかし無党派層を取り込んで投票所に向かわせれば、政治を変えることもある。1995年の統一地方選では、「青島・ノック」現象といわれる無党派知事を誕生させた。また記憶に新しいところでは、小泉内閣で2005年に行われた郵政解散による衆院選挙では投票率がその前回選挙よりも10％近くも上昇した。さ

1　無党派層については、橋本晃和『民意の主役・無党派層の研究』（中央公論新社、2004年）に詳しい。

I　市民参加これからのカタチ

らに2011年の橋下大阪市長選では無党派層の6割が投票所に足を運んだことで勝利を収めた。政治が無党派層の支持を得れば勝利することもできる。

しかし、一般的には市民の政治参加は極めて低調であり、その傾向に歯止めはかかってない。戦後の民主社会が築かれてきた中で、その根幹である選挙を半数近くの有権者がなぜ棄権するのであろうか。投票を義務付けている国[2]は別として、棄権することは個人の自由であるから悪いことではない。義務付けることで政治に関心がない有権者を強制的に投票させても、民意が反映されるとは限らない。

100％近い投票率が社会全体の効用を高めることも認められない。投票率の高低を問題にすること自体、それほど意味のあることではないかもしれないが、有権者の民主的関心度を知るためには1つの指標となろう。

図表Ⅰ－1　衆議院議員・地方議員選挙の投票率の推移

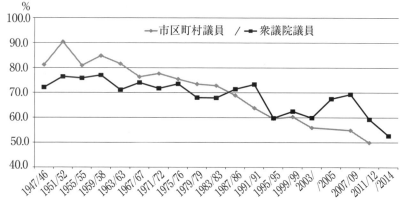

出所：総務省資料より作成。

2　国政レベルで義務投票制を採用している国は、オーストラリア、タイ、シンガポール、ベルギー、ギリシャなど30カ国程度ある。

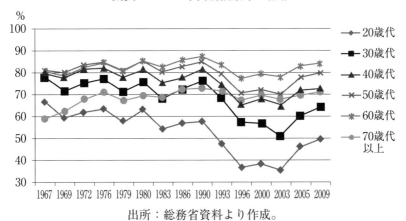

図表Ⅰ-2　年代別投票率の推移

出所：総務省資料より作成。

1-2　限られた市民による意思決定

　投票率が低かろうとも、選ばれた候補者は市民の代表として政治家としての意思決定を行うことになる。なかでも重要な決定が予算である。地方自治体の予算は、首長に編成権がある。予算そのものの編成作業は行政が行うにしても、予算案を議会に提出するのは首長である。首長が大きな権限を持っていることはよく知られているが、最も重要な権限が予算提出権である。

　そうした大きな権限を持つ首長の選挙でも、有権者のせいぜい半数程度しか投票所に足を運ばない。地方議員選挙ではもっと少ない。一方、地方政治は有権者ばかりが無関心ではない。立候補者も少ない。立候補が少ないことがイコール政治への無関心とはならないが、特定の人に支配される懸念は残る。2011年の統一地方選挙で政令市である浜松市長は無投票で選ばれた。政令市で市長が無投票で当選したのは初めてである。また2015年の統一地方選挙では、道府県議員選挙で当選議員の21％が無投票で決まってしまった。これは過去最高であり、立候

補者も年々少なくなっている。

　限られた市民と限られた候補者から選ばれた代表であっても、民主的手続きを踏んでいればもちろん誰も文句は言えない。しかし、仮に投票率が低いことを利用して、特定の利害関係をもつ有権者集団が一斉に特定の候補者を擁立して投票を行ったらどうであろうか。そうした行動は投票率が低くなればなるほど有利に働くから、投票率が下がり続ければこうした問題も浮上する。投票率がいくら低くても、正当な手続きで選ばれれば当然に議会で決定できる。わが国の憲法に最低投票率は規定されていないから、極端なことを言えば1％の投票率でも選挙は成立する。これまでの選挙で低い投票率を記録したのは、知事選挙では埼玉県知事選が24.89％（2011年）、議会議員選挙では東広島市議補欠選挙で8.82％（2010年）という記録がある。まさに限られた市民による危うい決定であるかもしれない。

1－3　どこまで登ってきたか「市民参加の階段」

　これまで「市民参加」として"市民"の用語を使ってきたが、「住民参加」と表すこともある。ここで、"市民"と"住民"は専門的には同義ではない。一般的な概念としては、市民（citizen）とは、良識ある参加者として規範的な主体として用いているのに対し、住民（resident）とは、地域的に利害をもち利己的であるなど多様な価値観をもった主体という意味あいがあると説明される[3]。すなわち、地域の住民は、市民とは異なり一様ではなく、行政との関わりも積極的に参加する者がいる半面、無関心で非協力的である者など多様な意味が含まれている。

3　例えば、牧田義輝（2007）44ページ。

本書では、"市民"を上記の概念で用いている。

市民が行政に参加する手続きをみよう。具体的には、アンケート調査、市政モニター、公聴会、住民説明会、パブリック・コメント、審議会、委員会などがある。最近ではインターネットの普及により電子媒体による参加も可能となり、多くのチャンネルで参加の機会がある。こうした市民参加の手続きは、行政が必要に応じて任意に調査を実施したり、委員会等を設置したりして行われる。また首長の発意により諮問機関などとして設置されて行われることもある。

市民参加が活発となり、制度化されてくると、行政や社会に実質的にも影響力をもつこともある。このことを理解するために、"参画"と"自治"の視点から考えると分かりやすい。ここで参画とは、文字どおり住民が政府の政策決定に加わることである。ここでは住民がどの程度まで参加できるかが問題となる。また自治とは、決定に対する市民の権限である。市民の権限がどこまで及ぶかが問題となる。この参画と自治の観点から、市民が行政に関わる度合いを米国の社会学者アーンスタイン（Arnstein, R. S.）が「市民参加の梯子」（A Ladder of Citizen Participation, 1969）として整理している[4]。

市民参加の梯子は、図表Ⅰ-3に示してあるように、①から⑧までの８つの階段からなる。最初の階段である①行政の一方的情報は、一種の操作（Manipulation）である。２段目の②形式的な委員会等の設置は、行政による市民の手懐け（Therapy）であり、この２階段はまったくの非参加の状態である。つぎに３段目の③行政から

---

4 アーンスタインの「市民参加の階段」については、篠原一（1977）に詳しい。また佐藤徹他（2005）は市民と行政の関与度により３段階の市民参加のエレベーター・モデルを示している。

Ⅰ 市民参加これからのカタチ

の情報開示（Informing）、4段目の④市民からの相談受付（Consultation）、そして5段目の⑤行政による宥和（Placation）は、あくまでも形式的な参加の状態である。ここまでの階段は、行政は市民の懐柔を目的とした一方的なインフォメーションであり、実質的には不参加の状態である。そして6段目の⑥行政と市民の権限共有は両者の協力（Partnership）関係へと進み、7段目の⑦市民に権限を委ねるは権限移譲（Delegated Power）へと展開し、そして最上階の⑧市民が自治権を有する市民統制（Citizen Control）に至り、市民が自治権を有して実質的な市民参加となる。アーンスタインは市民参加について「市民に対して目標を達成できる権力を与えること」[5]と述べている。

では日本はどの階段まで上ってきたのであろうか。おそらく、個々人の印象や地域の状況で階段の位置は異なっていようが、先進的といわれる自治体では限られた範囲ではあるが、⑦の権限委譲が実現しているところがある一方、いまだ形式的な情報開示や一方的な市民相談が行われる程度で、市民と行政の距離が遠いと感じられるところもあろう。

こうした違いは、首長の取組み姿勢や市民の側の意識の差によるところが大きい。積極的に市民参加を進めているところでは、市民と行政の協働が実行されている。わが国では2000年の地方分権一括法の施行から地方分権が進められた結果、行政権限が国から地方、そして市民とのパートナーシップなどでかなり階段を登ってきたところもある。しかしその半面、行政権限は依然として国から地方への義務付け・枠付けが多く残されており、実

5　Arnstein（1969）p.216.

図表 I−3　市民参加の階段

```
⑧市民が自治権を有する
⑦市民に権限を委ねる          〔市民による統制の段階〕
⑥行政と市民が権限を共有
       ⇧
⑤行政による宥和
④市民からの相談の受付         〔形式的参加の段階〕
③行政からの情報開示
       ⇧
②形式的な委員会等の設置
①行政の一方的情報提供         〔非参加の段階〕
```

出所：Arnstein（1969）p.217より作成。

際には地方が裁量により決定できる事務は限られているのが現状である。こうしたことを考えると、依然として市民参加には限界があり、一層の地方分権が必要ということも言えよう。

2　代表制民主主義の危機と市民参加の役割

　政治不信や投票率の低さなどから、代表制（議会制）民主主義の危機が言われている。また議会の機能低下や首長の先決権の乱用など、代議機関の問題も指摘されている。しかしだからと言って代表制を否定することはできない。民主国家にとって、代表制民主主義は不可欠であることは疑う余地はない。その一方で、市民が直接に参加する直接民主主義も議論され、その機会も増えている。代表制民主主義の現状をみながら市民参加の役割を考えてみよう。

2−1　代表制民主主義は危機なのか

　前章でみたように、政治への関心は投票率でみる限り低下してきている。また地方で政治への参加者も少ない。世界的にも投票率は低下傾向にある。政治家への信頼が薄れ、政治離れが進んできた。このことから直ちに代表制民主主義の危機とは言えないが、今日の代表による議会制民主主義が揺らいでいることは確かである。

　また民意も危うい。評論家の西部邁は『文明の敵民主主義』で政治、情報メディア、大衆、それぞれに痛烈な批判を浴びせ、デモクラシー（民衆の）からマスクラシー（大衆の）への低落の議論を展開している。確かに、テレビや新聞などのマスメディアの情報が生活の細部まで入り込み、それらを多くの人が鵜呑みにして納得している状況は、為政者にとっては容易に民意を作りあげてしまう都合のよい環境である。この状況を表す言葉としてしばしば用いられるのが「ポピュリズム」である。小泉首相が断行した郵政解散は、一部に批判を受けながらもまさにポピュリズム政治の実践であった。多くの人々

は民営化の真意を十分に理解しないままマスメディアの扇動で小泉政治を支持し、小泉チルドレンといわれた予想外の多くの政治家を誕生させた。

　代表制の問題はこのように、一方では政治への関心が薄れて候補者と有権者の双方の参加が少なくなることと、他方ではひとたび政治に関心が向けられると民意が意図的に作られてしまう恐ろしさを内包する。いずれのケースも代表性の意義が疑わしくなっている問題である。

　こうした状況は、今日の「成熟社会」[6]と言われている社会においては、政治課題が生活にダイレクトに影響する争点がかつてより少なくなり、有権者はどうしても"合理的無知（rational ignorance）"になりがちとなる。合理的無知とは有権者をすこし馬鹿にしたような言葉であるが、公共経済学などで使われている用語であり、自分の1票は大勢の有権者の中でわずか1票にすぎず、投票所に足を運ぶよりその時間を自分の好きなことに使う方が合理的な行動と判断することである。投票に行き、清き1票を投ずることは、有権者としての権利を行使するという意味で重要な行動であるが、人は経済人としても生活しており、経済合理性に適った行動をとることもまた当然の行為である。たしかに信頼性に欠く「マニフェスト」を信じ、貴重な休日の時間を割いて投票所に向かう動機は弱いかもしれない。

　合理的な行動（合法規とは限らない）をとるのは有権者ばかりではない。政治家も官僚も同じである。民主主義の危機を政治的決定過程から公共選択論（Public

---

　6　この用語は一般にイギリスのノーベル賞物理学者ガボールが著した『成熟社会─新しい文明の選択』（1973）から使われ、精神的豊かさと安定を求める社会を意味する。

Choice Theory）は論じるのであるが、ここでは経済学的分析から政治過程を論じ、政治家等がいかなる誘因で非効率な行動をとり、どれだけ効率性を損なっているかなどを分析する。公共選択論では「レント・シーキング」という概念で政府・政治の失敗を展開している[7]。レント・シーキングとは、企業など圧力団体が政治家や官僚に働きかけて独占的な利益を獲得しようとする行動である。本来なら社会のために公正な決定をしなければならない政府・官僚が、特定の企業等のロビー活動等により便宜を図る決定を下すことで社会に効率上のロスなどを発生させる。公正な市場取引が妨げられることで社会に非効率と不公平をもたらすのである。アメリカのロビー活動による富裕層の出現は、レント・シーキングの例としてあげられてきた。

また財政赤字の発生も、公共選択論は政治過程から分析をする。健全財政の基本は収支均衡（建設公債は可）であり、わが国では財政法第4条で公債不発行主義を規定しているにも関わらず、これまでの政府は、赤字公債を特例法により発行し続け、巨額の債務を抱えるに至っている。これは政策決定が行われる政治過程では、政権党は有権者の支持を得るためたえず赤字へのバイアスをもつことが公共選択論の創始者J. ブキャナンによって説かれてきた[8]。たしかに、自民党政治はバブル崩壊後も"まず景気対策を"と訴え、赤字公債によるファイナンスで公共事業を進めてきた。アメリカも同様に2012年末に問題となったいわゆる"財政の壁（fiscal cliff）"（減税期間と歳出カット法の終了）も赤字を先取りしてき

---

7 レント・シーキングについての説明は、ブキャナン・タロック・加藤寛（1998）『行きづまる民主主義』勁草書房などが詳しい。
8 ブキャナン・ワグナー（1979）『赤字財政の政治経済学』文眞堂。

た政治選択であった。もっとも政府の予算は、"政治闘争の場"（財政学者G. コルム）であり、わが国の様子について政治学者のJ. キャンベルは『予算ぶんどり―日本型予算政治の研究―（Contemporary Japanese Budget Politics)』というタイトルの本を著したほどである。

　これらは代表制民主主義そのことの危機を論じたものではないが、赤字公債は世代間でみれば負担のみの先送りであり、不公平な政策と言わざるをえない。どこの国もこれほどの赤字公債を発行している例はない。イギリスでは政治が投資以外の公債発行を禁じて順守してきた（ゴールデン・ルール）。公正な決定が政治過程という民主的プロセスを踏みながらも妨げられている限り、代表制民主主義への信頼が揺らぎ維持も難しくなる。

2−2　代表制民主主義を補完する市民参加

　戦後しばらく世界は資本主義と社会主義のイデオロギーの対立が続いてきたが、1989年に中東欧諸国における社会主義革命で自由民主主義思想が勝利をおさめ、議会制民主主義は世界200カ国近くで採用されている。民主主義が社会主義に勝利し、民主国家が大勢を占めるようになってきたが、ここでは市民社会の果たした役割が大きい。社会主義革命でソ連邦が崩壊に至ったのは、市民社会が体制とは独立した自治組織として機能してきたからである[9]。

　代表制民主主義を補完する制度としての直接民主主義は、わが国では日本国憲法で規定する手続は、①地方自治特別法の制定における住民投票[10]（95条）、②憲法改正

9　例えば1980年に結成されたポーランドの自主管理労働組合「連帯」は国家とは独立した組織として反共運動とともに東欧革命に大きく貢献した。

における国民投票（96条）及び③最高裁判所裁判官の国民審査（79条）がある。ただしこれらは特定の事項であり、一般的には国民、市民の代表による議会制民主主義が原則であることは言うまでもない。また最近では地方自治体で市民（住民）参加に関する条例の制定が盛んとなっている。1996年に新潟県巻町で原発建設の是非を問う常設型の住民投票条例が制定されて以来、大阪府箕面市の市民参加条例（1997年）、ニセコ町の自治基本条例（2000年）、長浜市の住民投票条例（2001年）など、これまでに全国で400件を超える条例による住民投票が実施されている（もっともそのうち350件は市町村合併に関連するもの）。自治体（政府）が市民と議会（行政）との関わりを制度として保障し、市民の意見が直接に意思決定に関与できるようになった。

　しかしここで、公共圏の決定等に関わることについて、代表ではない市民が参加することに問題がないわけでもない。とくに公募の市民には、参加バイアスがあることが知られている。参加バイアスとは、参加する市民が参加動機の高い人や利害関係を同じくする人に偏ることである。参加バイアスは巷間ではノイジー・マイノリティ（声高の少数派：active minority）とも言われ、これに対して参加しない無関心の市民はサイレント・マジョリティ（物言わぬ多数派：silent majority）である。参加バイアスの問題を避けるためには、後述するように、政治理論の発展から無作為抽出で代表を選ぶ手法が開発され、討議デモクラシーの実践として徐々に実施されている。具体的な手法については第4章で述べるが、無作

10　地方自治特別法とは、すべての地方自治体に一般的に適用される地方自治法や地方財政法などとは異なり、特定の自治体にのみ適用される法律を指す。

為抽出により選ばれた市民が「討議の場」(社会の縮図microcosm)に実際に参加し、提示されたテーマについて専門家の説明とともに2、3日かけて討議を行い、そののちに意見を表明するものである。こうすることで特定の意思を持った参加バイアスを除くことができ、また偏った情報から受ける影響も避けることができる。ただし、無作為で選ばれた人々がすべて「討議の場」に参加するとは限らない。ここでの非参加と参加の動機がどう結果に影響するかまではまだ不明である。

　こうした「討議の場」での議論が、市民の政治の回路となって議会の政治の回路とともに対話が行われて、両者の循環した民主主義が形成されることになる。ここで市民の政治の回路が機能しなくなれば、議会の政治が暴走するかもしれない。かつてのナチス・ドイツの例を持ち出すまでもなく、市民の監視の目が届かなくなれば、公共の利益に反する決定が行われることも実際には起こりえるのである。

　ここで、代表制民主主義と直接民主主義を民意と政策の関係から整理しておこう。図表Ⅰ－4は、代表制における民意と政策の関係を示している。ケース1とケース2は、代表制民主主義で投票率の違いによる関係であるが、ケース1は投票率が高いため民意が政策により反映されるであろうと想定しての関係であり、ケース2は投票率が低いため民意が表明されず政策に反映され難い状況を表している。

　ケース3とケース4は、直接民主主義を代表制に加えているケースであるが、ケース3は参加者は公募であるので特定の有権者に偏った参加バイアスが生じる可能性があり、民意と政策の関係はイコールとはならないかもしれない。そこでケース4は、参加バイアスを取り除く

図表 I−4　代表制民主主義と直接民主主義の民意と政策の様相

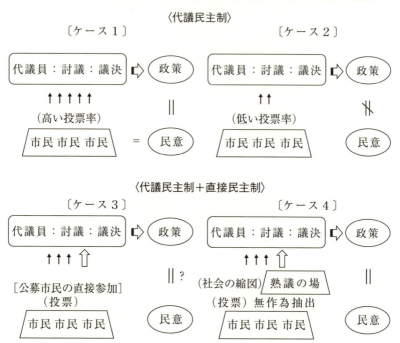

ために無作為抽出で市民を選んでさらに討議の場を設けて民意を表明してもらい政策に反映される回路を設けている。このケース4は代表制を基本としつつも直接制で補完している。

　なお、わが国の地方自治体の代表制は、市民は議事機関の議員と行政機関の長である首長を投票によって選ぶ二元代表制をとっている。この規定は憲法第89条「地方公共団体には、法律の定めるところにより、その議事機関として議会を設置する。地方公共団体の長、その議会の議員及び法律の定めるその他の吏員は、その地方公共団体の住民が、直接これを選挙する。」との規定に基づくのであるが、二元代表制は一方で首長の強い先決権と他方で議会の審議能力の低下などが指摘されており、こ

の点からの代表制の問題もある。かつては教育委員も教育委員会法により公選の吏員であったが、1956年に地方教育行政法の成立でその制度が廃止されている。この問題もその後に中央教育審議会等で改革案が議論されてきた。市民と政治、議会、行政、どう討議するのか、いつのときでも議論と見直しが求められている。

3 公共経営論（NPM）から公共ガバナンス論（NPG）へのパラダイムシフトと市民参加

　これまでの公共政策のスタンスをみると、1960年代までは好調な経済に支えられて政治・行政がケインズ主義的な積極財政政策を中心にビッグ・ガバメントを是認してきたが、70年代になると2つのショック（オイルとドル）でスタグフレーションに見舞われそれまでの政策は方向転換を余儀なくされた。80年代は新たな経済理論が模索されるなかで、新古典派やマネタリストが主張するスモール・ガバメントの政府論が主流となって新自由主義的政策へと変わってきた。しかし90年代後半になると、行き過ぎた新自由主義への批判からより民主的なガバナンス論が展開されるようになった。公共政策の変遷をみながら市民参加を考えてみよう。

3-1　改めて公共経営論を考える

　公共部門の理論に新公共経営論（New Public Management：NPM）が登場して久しい。NPMはもはやNewではないが、公共経営という考え方はいまだ新しさをもって使われ定着してきている。NPMの歴史を簡単に振り、改めてその意図を整理してみたい。

　NPMの考え方は、1980年頃から英米などアングロ・サクソン諸国を中心に主に行政実務の中から生じてきたものである。公共部門に民間の経営理論やノウハウを導入するきっかけとなったのは、1970年代に積極的な財政政策がスタグフレーション下で効力を失い財政収支が悪化したことなどから、新たな理論が模索された。ケインズ主義的財政政策が需要サイドの理論であったため供給サイドの経済学や金融政策を重視するマネタリズム、あ

るいは合理的期待形成学派といった理論が展開された。いずれも財政支出の有効性を否定することで共通し、公共部門は市場主義で改革が行われて80年代は"小さな政府"へと向かった。

　公共部門の市場化とリストラを進めるなかで新たな公共の経営論が登場した。公共経営論は実践が先行するなかで、英国の行政学者C・フッド（Hood, C. 1991）によって「New Public Management」と名付けられた。NPMはわが国でも1990年代に多くの解説書が出版され書店に並んだ[11]。行財政改革の議論でNPMに言及しないものはほとんどない状況であった。NPMの骨子をC・フッドは、①公共部門における個々の専門的マネジメント、②業績の明確な基準と測定、③アウトプットによる統制の重視、④公共部門における事業単位への分割、⑤公共部門の競争重視、⑥民間部門の実践的マネジメントの重視、⑦資源利用において規律と倹約の重視、とまとめている[12]。すなわち、公共部門を市場化することにより、政府のスリム化、効率化を進め、成果志向のマネジメントを確立するものである。市場化は公共部門のあらゆる分野で取り入れられ、政策までもが市場との対比で検討されるようになった。これらは各国の行財政改革の基本的考え方となり、新保守主義や新自由主義として"小さな政府"への改革の論拠ともなった。ただここで留意すべきことは、NPMは主にアングロ・サクソン諸国を中心とした議論であったことである。したがって他の欧州大陸などではパラダイムシフトというような明確な動きは見られなかったところもある。またNPMは理論的に

11　比較的初期の解説書としては、大住莊四郎（1999）、山本清（2003）などがある。
12　Hood（1991）p4.

は不完全であり、かつての公共管理体制（OPA）の亜流にすぎないとの指摘もある[13]。

しかし1990年代後半になると、NPM改革を進めてきた現場では徐々にNPMの考えは支持されつつも改革の歩みは弱められてきた。英国でブレア政権（1997～2005）が誕生した1997年には、公共サービスは効率性・効果性（Value for Money）を論じながらも中身（質）の問題にウエイトを置くようになり、"ベスト・バリュー（Best Value）"の政策が打ち出された[14]。この背景には、サッチャー政権下（1979～1990）で行われてきたラディカルな市場原理主義に対する反動もあった。しかしニューレーバーを標榜したブレア労働党政権は、それまでの労働党とは違いレフト（左派）に振れることはなかった。ブレア政権は従来の社会民主主義路線でもない"第三の道"を提唱し、中道的な道に舵を切った。これはブレア首相の経済アドバイザーであった社会学者のA・ギデンズが著した「The Third Way」[15]などの影響を受けたもので、欧州諸国も市場主義からの方向転換が徐々に行われた。第三の道による政策は、市場主義を否定するものではなくソフトな市場主義で官民との協働（co-production）やパートナーシップ（PPP）を組みながら改革を進めるものであった。

NPMの行き過ぎた公共圏の新自由主義的改革は、次

13　NPMの地域的、論理的限定についてはOsbone（2010）が諸説をまとめている。

14　ブレア首相は1998年7月に公表した『現代の地方政府～住民とともに（Modern local government：in touch with the people）』と題した白書の中でベスト・バリューの基本的な政策を明らかにした。

15　Giddens, A. (1998), *The Third Way : The Renewal of Social Democracy*, Policy Press. 日本語訳は、佐和隆三訳『第三の道―効率と公平』日本経済新聞社、1999年。

節で述べるように、1990年代後半頃より行政学や政治学からより民主的な公共の統治論として新公共ガバナンス論（New Public Governance：NPG）が議論されるようになった。1990年代は東欧革命を支えた市民社会の台頭などとともに、討議民主主義という新たな市民参加も意識され、公共圏の新たな統治形態として議論を呼んできた。図表Ⅰ-5は、米国の行政学者デンハート等（Denhardt and Denhardt 2000）が区分した表である。NPM以前の特徴を旧来の政治行政主導で行われた公共管理論（OPA）として区分し、その後をNPG（NPS）として特徴をまとめたものである[16]。

　実際の公共政策とNPMとの関わりでは、日本を含むアングロ・サクソン諸国を中心に新自由主義の正当性を政策当局に与えて、例えばサッチャリズムやレーガノミクスの根拠となった。新自由主義というグローバリズムは税率の引き下げ競争や規制緩和などを各国に広めた。サッチャリズムからの行財政改革では、公共サービスの業績測定を前提に民間とのコスト比較で強制的に市場化させる強制競争入札（CCT）が実施され、また業績指標（Performance Indicators：PIs）による評価制度が政策決定に導入された。わが国でも2000年代に入ってからではあるが、小泉政権で進められた郵政民営化に象徴される新自由主義的な構造改革は当時、国民の大きな支持を受けた。さらに福祉政策を重視した民主党政権でもNPMの改革は"事業仕分け"などとして実施された。

　NPMで議論される公共サービスは、効率性と効果性の可測が前提である。しかし公共サービスは本来、市場

16　Denhardt and Denhardt（2007）の３区分の解説については、拙稿「改めてPublic Managementの改革を考える」『地方財政』（地方財務協会、2006年５月）などを参照のこと。

が成立しない（市場の失敗）ゆえに政府によって提供されるものであり、公共サービスの業績測定は原理的には可測は不能である。それでも公共経営論や評価論の進展も手伝って、一般的には業績測定を有効なデータとして政策決定に役立たせてきた。

　しかし、業績測定が多くの現場で行われ作業に多大なコストが要するにつれて、それに見合った効率性が認識できないことなどから業績測定そのものを廃止する動きがみられるようになってきた。NPMの予算制度として1999年度から英国中央政府で始められた業績測定を組込んだ包括的歳出計画（Comprehensive Spending Review）は、政権が変わったこともあろうが2014年には業績測定は廃止された。また地方自治体で民間との業績比較で実施されていた先述のCCTは2000年に強制から任意になり、さらに業績指標に基づいて自治体をランク付けしていた包括的業績測定（Comprehensive Performance Assessment）も2009年に廃止された。わ

図表Ⅰ-5　行政管理・公共経営・公共ガバナンスの概要

	旧来の行政管理体制 Old Public Administration ～1970年代	新公共経営体制 New Public Management 1980年代～	新公共ガバナンス体制 New Public Governance 1990年代後半～
主たる理論	政治・行政理論	経済理論	民主主義論
公益の概念	政治的規範と法の規定	個人の利益の総計	社会の利益
政府の説明 責任の対象	納税者、有権者	顧客とみなされる市民・住民	市民
政府の役割	漕ぎ手（政治的に決めた目的に従って計画し執行）	舵取り手（市場で媒介者として行動）	奉仕者（市民やNPO等との交渉や利害調整）
政策目的の 達成メカニズム	政治・行政プログラム	民間やNPO等による新たな執行プログラム	政府や地方政府、NPO、民間等の合意形成
行政の裁量	行政権限の範囲内	事業目的に応じて広範囲	広範であるが制約があり責任が求められる
前提とする 行政機構	トップダウンの行政機構	政府機関の主導による分権的な機構	内外の指導者による協調的構造

出所：Denhardt and Denhardt（2007）を参考に作成。

が国の民主党政権下で行われた事業仕分けも公共サービスの業績を測定して市場対比で取捨選択を決める取組みであったが、一時的なものに終わった。これらの結果は、公共サービスを効率性で評価することに限界があることを証している。行き過ぎたNPMの改革は、経済合理性から公共サービスを評価する危うさを露呈したともいえる。

3－2　公共ガバナンス論の展開

　"ガバナンス"という用語は、1960年代の米国で企業のみならず社会問題に対する批判からコーポレート・ガバナンスが登場し、その後、各国でさまざまな分野で用いられてきた。公共部門ではパブリック・ガバナンス、国際機関ではグッド・ガバナンス、あるいは広く社会のソーシャル・ガバナンスなどとして使われてきた。それぞれの展開においてニュアンスは異なるものの、独占的、専制的な統治形態からより民主的で合議的、包括的な統治形態を志向する意味合いが含まれている。

　パブリック・ガバナンスの定義や概念については議論百出しているところがあるが、初期の議論ではNPMの文脈の中で論じられてきた。例えば、早くはオズボーンとゲプラーが『行政革命』（Osboneand and Geapre 1993）の中で政府を企業化する行政、市場化志向の行政と特徴づけ、またローズ（Rhodes 1997）はガバナンスを①最少の国家、②企業のコーポレート・ガバナンス、③NPM、④世界銀行のグッド・ガバナンス、⑤社会知能化システム（socio-cybernetic system）、⑥自己組織化（self-organizing system）の6つに整理したうえで主に政策のネットワークとして論じ[17]、また宮川公男・山本清（2002）はガバナンスを「統治システムの構造と

プロセスの発現パターン」と定義しNPMとの関連でまとめている。さらに中邨章（2003）は新たな公共として、これからの行政には「透明性」（Transparency）、「説明責任」（Accountability）、「参加」（Participation）、「公平性」（Equity）の「TAPE」が求められるとし、これを実現していくために出現する政府や自治体のあり方をガバナンスと呼ぶことがあるとしている[18]。

一方、NPGの理論的背景としてガバナンスを整理した英国の行政学者P. オズボーン（Osbone 2010）は、社会政治的ガバナンス、公共政策のガバナンス、行政のガバナンス、契約のガバナンス、ネットワーク・ガバナンスに分けて説明している[19]。また米国の行政学者デンハート等（Denhardt and Denhardt 2000）は、図表Ⅰ－5でみたように、NPSの特徴として政府の役割は舵取り役より奉仕者（server、利害調整役）、公共の関心はサービスより目的、戦略的な思考と民主的な行動、多様なアカウンタビリティ、生産性より人々の価値、などとしてまとめている。さらにピエールとピータースは（Pierre and Peters 2000）は、公私のパートナーシップとして論じている[20]。

以上のように、2000年代からはガバナンス論はマネジメント論からデモクラシーの文脈で論じられるようになった。この背景には、行き過ぎた新自由主義に対する批判から反市場主義的な政策が各国で展開されてきたこともあるが、公共部門の軸足があまりにも市場主義に偏り、効率基準が公共の民主性を排除してしまっているという

17　Rhodes（1997）p47.
18　中邨章（2003）15ページ。
19　Osbone（2010）Introduction.
20　Pierre and Peters（2000）Introduction.

現実があった。公共サービスも民間と同様に、個別の経済合理性に配慮すべきということはいまや当然の要求であるが、同時に、社会的公共性という価値観に基づいた判断基準も効率性とともに常に配慮すべきである。そうでなければ、公共サービスの役割は喪失してしまう恐れがある。

3-3　公共圏における市民参加

　公共圏（public sphere）の課題については、成熟社会で市民意識が高くなるにつれて、そこに関わる市民や自治会、NPOなどの利害関係者が直接に参画して政府とともに意思決定を行うのが本来のあり方である。公共ガバナンス論（NPG）で市民は、公共圏で明示的に登場し民主的決定に加わる。しかし公共経営論（NPM）では市民参加は論じられず、経営的管理や経済的合理で最も効率的で効果的な解決策を利害関係者とともに求めてきた。

　公共圏の市民参加は、NPGではどのように論じられているのであろうか。図表Ⅰ-6に政府ガバナンスを形態別に表してある。かつての行政管理体制（OPA）では、公共圏は政府と同じ領域であった。民営化という言葉もまだなく、国有企業の払い下げなどが論じられる程度であった。"大きな政府"には市民は登場せず、市民参加の程度は図表Ⅰ-3のアーンスタインの「市民参加の階段」では、①、②の非参加の段階であった。OPAでは政府は自らが生産者となって、公共サービスは直営の事業として行われていた。わが国ではとくに戦後の公共事業は、一般会計予算の5割近くを占めていた「財政投融資計画」で支出され、さらに国債や郵便貯金を資金として政府企業や40にも上った特別会計、そして地方自治体

の公営企業等を経由して事業が行われていた。

　つぎに公共経営体制（NPM）では、1970年代から積極財政政策の効力が失せるなかで財政赤字が膨らんできたこともあり、スモール・ガバメントが目指すところとなった。ここでは前述のように、市場原理主義が支配し経営学に学ぶ効率性（Value for Money）がターゲットとされた。現業の公共サービスから行政内部の業務まで非効率の事業は"仕分け"され、民間に移されるか業務形態が市場原理を基準に改革された。ここでも明確な市民参加はないが民間との関わりが生じ「市民参加の階段」では③～⑤の形式的な段階へと上る。

　そして公共ガバナンス体制（NPG）となって、ようやく市民が明示的に公共圏に登場する。NPMでは公共サービスが業績測定により効率性・効果性で"仕分け"されてきたが、公共サービスの本来の公共福祉の向上のための必要性から、民主的"仕分け"が論じられるようになってきた。公共サービスは「市場の失敗」ゆえに必要とされるのであるから、市場が成立しなければ本来は評価測定や価格付けはできないはずである。しかしNPMの論理で価格付けを行い、これに対して民間との比較で"高い"、"ムダ"の判断で仕分けが行われた。公共サービスでも価格が示されれば納税者に対して説得力を持つ。実際には妥当性を欠く価格付けに基づいて必要な公共サービスまでもがカットされてきたのではないか、との疑念は残る。これに対して、価格をメルクマールとしない、公共が求めるサービスを市民が民主的に決定するのがNPGの論理である。

図表Ⅰ-6　公共圏における政府ガバナンスと市民参加の関係

行政管理論（OPA）
～1970年代後半頃まで

公共圏

政府＝ガバメント
（ビッグ・ガバメント）
（混合経済）

市民参加はなし

公共経営論（NPM）
1980年代～

公共圏

公共ガバナンス論（NPG）
2000年頃～

公共圏（メタ・ガバナンス）

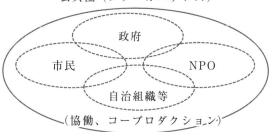

4　市民の真の意見を探る市民参加のカタチ

　世界で広がる市民参加であるが、今日の市民参加は、体制の変革を目指して市民が立ち上がった1960年代の動きとは異なり、市民社会での対話（討議）をとおして、議会（政府）とのより良いコミュニケーションを図ろうとする討議デモクラシー論から説得的に説かれている。しかしここで重要なことは、参加する市民の特性である。公共に積極的に参加する市民は、特定の年齢に偏っていたり特定の意見をもっていたりすることが知られている。選ばれない市民の参加をどう選べばよいのか。討議デモクラシーの実践をみながら市民の真意を探る市民参加のカタチについて考えてみよう。

4－1　討議デモクラシー論の出現

　「討議デモクラシー」ないしは「討議民主主義」という用語は、一般的にはそれほど親しく使われていないであろう。政治学でも1990年代頃から広まってきた用語であるが、いまやこの考え方は、代表制民主主義を支える重要な役割を担っている。今日の代表制民主主義が抱える課題とともに、討議デモクラシー論を説明しよう。

　"代表制"あるいは"代議制"は間接民主主義であり、直接民主主義と対比される。民主主義は、もとは古代アテネの時代に資格ある市民（限られた市民）全員参加による民衆会議（mass assembly）で議論（討議）を行い多数決で決める直接民主主義がその原点であった。しかし多くの市民で構成される社会では、実際に全員参加は不可能となったため市民が代表を選び、代議員で構成される議会で決める間接制・代表制民主主義に代わってきた。

今日の代表制民主主義の議論は、18世紀に西欧諸国で論じられた古典的民主主義を経て、20世紀に大戦後の西側資本主義諸国において展開されてきた。これらの国では、大戦前後に普通選挙による議会政治が確立し、民主主義が身近なものとなったが、その一方で選挙民は代表（政治家）を選出するのみで、議会との対話は経済発展とともにしだいに希薄となり、政治家・政党主導の議会制民主主義が多くの国で特徴づけられるようになった。たしかに20世紀に入り、それらの国では普通選挙が実施され政治が大衆のものとなったが、それと同時に、政治は職業政治家で構成される政党によって動かされ、政党は強大な権力を持つようになった。権力をもった政党は特定の利益集団によるレント・シーキングもみられるようになり、同時に政治腐敗もはじまった。

　こうした状況の民主主義について、著名な経済学者シュンペーターは彼の社会主義的観点から"エリート民主主義"（elite democracy）と特徴づけた[21]。それまでの古典的民主主義の議論が価値論を中心としていたのに対し、民主主義を実際の制度（装置）の側面から論じたものである。エリート民主主義は、民主政治は賢明な専門家に任せて有権者はその代表を定期的に選べばよいとする見方である。ここでは民主主義を価値論といった本質論から説くのではなく、政治の安定性・効率性を民主制に優先させて論じている。これは先に述べた公共選択論にも通じ、経済合理性から代表民主制を論じたのである。

　賢人の経済学者らしい現実に根差したエリート民主主義論は、当時の西側諸国の著しい経済発展の状況をみれば、民主主義の本質的価値論より説得的な面は確かに持

21　シュンペーター（中山・東畑訳）『資本主義・社会主義・民主主義』東洋経済新報社、1995年（原著は1942年刊）。

ち合わせていた。黄金の60年代は経済政策もまさにケインズ主義的積極財政政策が隆盛を極め、ビッグ・ガバメントが疑いのない方向として支持されていた。政治はどのような政策をとろうとも、結果として経済成長が達成されていた。わが国の高度経済成長期（1955年〜1970年）も毎年度の"自然増収"でつねに減税が余儀なくされるという時期でもあった。

　20世紀も後半になると、経済成長を謳歌する一方で発展にともなう資本主義社会の矛盾や政治腐敗が発生し、市民活動が徐々に社会に顔を出すようになった。わが国では1960年代後半から学生運動とともに市民活動が活発になり、政治家・政党に独占されていた議会民主制のあり方に議論が向けられた。民主主義の議論でも現実的なエリート民主主義は、市民は政治家を選ぶだけの役割しかなく、議会政治（体制）は市民から遊離した選ばれた人、〈エリート〉集団によって握られていた。ここでの議会民主制は、組織力によって集票された多数派の専制となり、真の民主制は形骸化していた。さらに1970年代になると、市民意識の高まりとともに組合や市民団体などの運動が活発化し、人々の欲求と関心は物質的豊かさよりも精神的豊かさ、あるいは環境問題などに向けられるようになり、市民の側との対話のないエリート民主主義は説得力を失っていった。

　民主主義はルソーが唱えた「人民主権」がいつの時代にあっても基本であり、市民の自由な討議（デリバレイション deliberation）が前提とされていなければならないが、エリート民主主義は議会政治には討議はあっても有権者（市民）の側にはない。代表制民主主義は代表による議会政治と市民の側の討議（あるいは対談 discourse）、そして両者の対話を前提としている。その

うえで、民主的な決定が行われることが本来の議会制の意味するところである。わが国で学生運動が過激となったのは、権力をもった体制側が市民の側との対話を拒否し、議会政治との対話も拒否したことに対する反発にほかならなかった。権力を独占した体制の打倒を目指した闘争であった。これはまたわが国で1960年代に大都市で革新市長を誕生させ「地方の時代」といわしめた[22]。

市民の側の活動が世界的な反戦や環境問題、人権問題などに対する運動などで活発になるにつれて、1970年代後半頃より公共圏への市民参加とともに、欧米の政治学では「参加デモクラシー」(participatory democracy)が論じられた。参加デモクラシーは、地方レベルで地方分権の推進や市民社会の再興などで市民参加意識の高まりとともに論ぜられ、それは次に、政治に欠けていた正当性を市民の側の討議(熟議)により回復させるという「討議デモクラシー」(deliberative democracy)へと展開した[23]。

わが国で討議デモクラシー(討議民主主義)が一般に紹介されたのは、政治学者の篠原一が『市民の政治学』(2004年刊)で解説した頃からであろう。ここでは、討議民主主義について次のように説明されている。すなわち、市民活動が社会の動きとして意見を持つようになるにつれて、討議の重要性と政治に対する直接要求として認識されるようになった。篠原一はこのことを「討議デモクラシー＋参加デモクラシーが要請される時代となっ

---

[22] 革新市長は1963年に社会党の飛鳥田一雄が横浜市長に当選したのに続き、革新系の美濃部東京都知事、黒田大阪府知事、蜷川京都府知事などが誕生した。しかし1970年代後半になると革新系首長が姿を消し地方の時代は一応の終息となった。

[23] 参加デモクラシーと討議デモクラシーの和文献では篠原一(2006)が分かりやすい。また洋文献ではHamlin and Pettit(1989)がある。

た」と表現している[24]。また哲学者ハーバーマスも当時の状況から市民社会の重要性に関連させながら、民主主義を市民と議会の2回路の討議デモクラシーで新たに定義づけている[25]。ここで2回路というのは、議会政治と市民社会の政治による民主主義のことであり、篠原一はさらにハーバーマスのこの議論を進めて、「2つの回路が連動し、つねに「循環過程」が築かれることが重要である」と述べている[26]。

討議デモクラシー論は、今日の市民から離れてしまった代表制民主主義の欠陥を市民参加による直接民主主義で補完する考え方として提示された。直接民主主義は、決して代表制民主主義に代わるものではなく、市民との対話が途切れがちとなった議会＝政府との間の循環的な交流を意図するものである。したがってここでは市民の討議が中心となる。しかし問題も指摘されている。それは第1に、討議過程における排除の問題である。通常、公募で討議に参加する市民を募ると階層や性別、人種等で偏りがみられることが知られている。公募は公共に強い関心も持つ人や時間に余裕のある特定の年齢層に偏った参加となることが多いからである。第2に、情報の非対称性の問題である。「市場の失敗」の1つの要因として指摘されるように、情報は政府に比して市民は限定的であり、ときにマスコミも含めて偏向した情報により操作されてしまう。"原発の安全神話"はその例であるかもしれない。第3に、議会政治と市民社会の循環過程を機能させるコミュニケーションをどうとるかである。直接民主主義がそれほど普及していない公共圏では、市民

---

24 篠原一（2004）156ページ。
25 ハーバーマス（2003）90ページ。
26 篠原一（2012）viiページ。

の討議が活発となっても議会政治とうまくコミュニケーションがとれるとは限らない。ここの回路が通じなければ市民の討議は徒労に終わる。そして第4に、議会政治にどう市民の討議された意思を反映させるかである。公共経営マネジメントでも、循環過程（PDCAサイクル）でActionとしてPlanにどう反映させるかがつねに課題としてあげられる。討議デモクラシーもこの循環過程が機能し、それを議会政治に適切に反映させなければ絵空事で終わってしまう。

4－2　討議デモクラシーの実践

討議デモクラシーを空論で終わらせないためには、上述した問題にどう対処して実践するかが次のステップである。討議デモクラシーの実践はその理論が登場した頃よりいくつかの実験が試みられてきた。そのうち主な取組みを以下に紹介しよう。

4－2－1　討議型世論調査（Deliberative Poll：DP）

最初に紹介するのは、各国でこれまで50回近く実施されたと言われている討議型世論調査（DP）である[27]。DPは、スタンフォード大学のフィシュキン教授らが開発した手法であり、同大学のDPセンターが商標登録をしているので正式にはここを介して行われる。DPの手続きは、行政やマスコミなどの主催者が市民の中から無作為抽出で参加者を募り、参加者は15人程度の小グループに分かれて2日から3日にわたって提示された課題について中立的な情報と専門家による進行で討議を重ねる

---

[27] DPの詳解は、フィシュキン（2011）、坂野達郎（2010）、あるいは慶應義塾大学DPセンター（http://keiodp.sfc.keio.ac.jp/）など参照のこと。

ものである。討議の前後でアンケート調査が3回行われる。ここでは参加者の意見をまとめることはせず、討議の前後で意見の変化をみる。人々の意見は中立的な情報のもとで熟議を重ねることで意見がどう変化したかを探る。なお参加者には報酬と宿泊費、交通費が支払われる。

DPは1994年にイギリスのテレビ局が「犯罪」に関するテーマで全国規模で始めてからアメリカやオーストラリア、韓国などで実施されてきた。日本でもこれまで2009年に神奈川県で「道州制」に関する調査、2010年に藤沢市で「藤沢のこれから、集中討議」と題した総合計画策定に向けた調査、最近では原発事故後のエネルギー政策について2012年に政府が「エネルギー・環境の選択肢」に関するDPを実施している[28]。

DPの目的は、与えられたテーマについて討議の前後で参加者の意見がどう変化したかをみることである。大衆の意見は一般的に移ろいやすく偏向した情報によって決められることが多い。そこで中立的な情報とともに専門家を交えて異なる意見の人とも討議することで、各自の意見がどう変化するかを探るものである。例えば神奈川県の「道州制」のDPでは、参加者は討議を経て道州制に否定的な割合が増えた。また政府の「エネルギー・環境の選択肢」では原発事故直後ということもあってコスト高でもよりクリーンなエネルギーを選択する割合が増加した。DPの問題としては、実施にあたって費用がかかることやテーマに関心のない人は参加しないという傾向が指摘されている。

---

28 エネルギー政策の調査結果は内閣官房のホームページに掲載されている。
http://www.cas.go.jp/jp/seisaku/npu/kokumingiron/dp/120827_02.pdf

4－2－2　計画細胞会議（Planning Cell：PC）

計画細胞会議（ドイツ語でPlanunktzel、英訳はPanning Cell：PC）と奇妙に名づけられたこの取組みは、ドイツのディーネル教授が1970年代初めに既成の民主主義を刷新させるために考案した手法である[29]。PCの主旨は、行政機関が抱える特定の課題について大学や研究機関等に委託して市民の意見を鑑定書としてまとめてもらうものである。討議に参加する市民は16歳以上から無作為抽出で100名以上を選び、5名程度の小グループ（"細胞"の由来）に分かれて中立的な専門家の情報をえながら4日間メンバーを交代しながら討議を行い、最終的に市民鑑定として報告書を提出する。無作為抽出で選ばれた市民が報酬をえて十分な情報をもとにグループで熟議を重ねるのはDPと同じであるが、PCは4日間と長く最終的に報告書をまとめる点で異なる。実施件数は2009年までに65回行われ、分野は都市計画、交通・エネルギー政策、環境政策など多岐にわたっている。

日本では厳密な意味でのPCはまだ実施されていない。討議が4日間と長いため一般の人が参加するのはほとんど不可能であり現実的な取組みではない。しかしPCを参考にした取組みとして、次に説明する市民討議会が実施されている。

4－2－3　市民討議会

市民討議会は、青年会議所が計画細胞会議（PC）を参考にして考案したわが国の取組みである。PCの作業は100人以上が4日間にわたり討議するのであるが、日本ではこの規模は実施が容易ではないことから、これを

29　計画細胞会議の詳細は、篠藤明憲（2006）に詳しい。

簡素化したものである。2006年に青年会議所が三鷹市と共催した「子どもの安心・安全」をテーマとしたケースでは、参加者は無作為抽出で選ばれた市民のうち52名が参加し、2日間にわたって4回の討議が行われた。また新宿区では「自治基本条例案」についてパブリック・コメントなどの意見徴収と合わせて実施された。

　地方自治体が行っている市民討議会は、参加者に「市民提案」としてまとめてもらい、他の意見聴取とともに市民の声として参考にしている。仕組みが容易であることから普及してきており、NPO法人の市民討議会推進ネットワークによると、2013年で200件を超える事例が報告されている（同ホームページより）。

4－2－4　コンセンサス会議
　　　　　　（Consensus Conference）

　コンセンサス会議は、遺伝子組換食品や新たな治療法の導入など専門的分野の課題について一般市民の意見を聞いてコンセンサス（合意）を目指すことを目的に1987年にデンマークで始められた取組みである。会議の参加者は市民パネルと呼ばれ、無作為抽出か公募により15人程度を選び、専門家と数日間の討議を重ねて市民パネルが市民提案をまとめ公表する。科学技術などの専門的な問題に市民目線で参考してもらい合意形成を図るものである。ただし、ここで討議する課題は他の取組みとは異なり科学技術など特別のテーマに限られるため、テーマによっては強い興味をもった参加者が多くなるケースもある。

　日本で実施されたコンセンサス会議は、遺伝子治療をテーマに1992年に初めて実施されてから20回ほど行われている。また遺伝子組み換え食品に関するテーマでは、

北海道大学と農水省がそれぞれコンセンサス会議を開催し、安全性の見識など世論に影響を与えてきた。

4－2－5　市民陪審（Citizens July）

英米の裁判で行われている陪審制を参考にした取組みであり、アメリカで1970年代に考案され選挙で候補者の評価などで実施され、1990年代には主にイギリスで自治体や政府機関が主催し事業選択や評価などに利用されてきた。市民陪審の手続きは、無作為抽出（層化抽出も併用）によって12名から24名程度の市民を選び、数日程度の日程で小グループに分かれて課題について専門家等による証言とそれに対する質問を交わしながら討議を重ねることで意見を集約し、最終的に報告書を作成するものである。

日本でも陪審制を参考にした裁判員裁判が始まっているが、市民参加の取組みとしての市民陪審の例はまだない。

4－2－6　市民参加予算
（Participatory Budgeting：PB）

第Ⅱ編で詳しく紹介する市民参加予算（PB）は、1989年にブラジルの地方都市ポルトアレグレで始められた制度である。PBは討議デモクラシーの実践の中で最も普及し注目されてきた取組みである。世界で実施されているPBの件数をみると、PBの定義が曖昧なため数え方に差があるがおよそ1,200から2,700件程度の事例があると報告されている[30]。PBは討議デモクラシーの実践の1つではあるが、これまで紹介した取組みと異なる点が

30　例えば、Sintomer, Herzberg and Allegretti（2013）など。

ある。参加する市民は無作為抽出で選ぶのでではなく公募である。ただし参加バイアスを防ぐために自治会レベルで多くの参加を促すなど個々の事例で工夫されているケースもある。また参加者間の討議は明示的には組み込まれていない。参加者の予算ないし政策選択に対する意思表示は、それぞれの要望に基づいて投票で表明しあるいは参加者がその中から代表を選び決めるなどさまざまである。

PBが世界に広まっている理由は、1つはこれまで公共サービスの恩恵を受けられなかった貧困層がPBに参加することで実感できたことであり、2つはそうした成果が国際機関などで取り上げられ評判になったからである。とくに新興国を中心に広まり、また欧米でも形を変えながら普及している。ただし日本では厳密な意味でのPBはまだ実施されていない。

4－3　討議デモクラシーの実践：まとめ

討議デモクラシーの実践として6つの事例を紹介したが、これらをまとめると図表Ⅰ－7のようである。討議デモクラシーの特徴は、市民の側の討議を無作為抽出で選んだ参加者によって課題について中立的な情報をもとに意見交換してもらい、そこから真の民意を探るものである。そのための実践として、民意の集計、民意の形成、そして民意の議会政治とのコミュニケーションにそれぞれ工夫が凝らされ、各国で実験が行われてきた。

民意の集計では、市民参加は公募ではなく無作為抽出により、参加民主主義の基本である全員参加に近い「社会の縮図」（マイクロコスモ）が作り出される。統計的作業により少数参加でも階層を映した「社会の縮図」が作れるのが特徴である。そこでの参加者は、フェイス・

図表Ⅰ-7　討議デモクラシーの実践・概要

	市民の募集方法	討論の期間	参加人数と討議の方式	参加者への報酬	情報提供	最終目標
討議型世論調査	無作為抽出	2から3日間程度	小グループ	有	事前の配布と専門家等との討論	アンケート調査で報告書は作成しない
計画細胞会議	無作為抽出	週日のうち4日間	100人程度、原則25人グループ×4	有	専門家等との討論	市民鑑定の作成
市民討議会	無作為抽出	週末2日程度	小グループ	有	各方面との討論	市民提案の作成
コンセンサス会議	無作為抽出又は公募	週末にかけて数日間	15人程度の市民パネル	無	専門家等との討論	提言書の作成
市民陪審	無作為抽出	2日から4日程度	12人から24人程度を小グループ分け	有	専門家等の証言と質疑による討論	報告書の提出
市民参加予算	公募	個々に決定	個々に決定	無	行政による予算説明等	予算に関わる決定（優先順位付け等）

　トゥ・フェイスの討議に臨み、民意を形成していく。その過程では、事前の情報に加えて立場の異なる専門家等との質疑なども交え"熟議"して意思を固めていく。この手続きにより、前述の"合理的無知"に加えて"非態度"（nonattitude）[31]が避けられるとDP開発者のフィシュキン（2010）は説明している。こうして表明された民意が政治とのコミュニケーションに向かうのであるが、どのような対話になるのか、ここからは代表制と直接制のせめぎ合いの場面も想定される。

　討議デモクラシーは、現代の代表制民主主義を補完する1つのソリューションとして議論されそれが実践されているが、実践に際してはどれも手間と費用がかかる。ほとんどの場合が実施まで数か月間以上の準備が必要であり、また参加者には原則として日当を支給するので経費も巨額に上る場合が多い。政治論的には優れた討議デ

31　非態度とは、明確な意見がないにもかかわらずあるように回答することをいう。

モクラシーでも、実践にはそれなりのコストを要する。しかし、市民の真の意思が政治に反映されることで公共の福祉の増進が期待できるのであればコスト高でも支持されようが、公共経営論（NPM）でも行き詰まったように、公共サービスの効率性・効果性の可測は不可能に近い。討議デモクラシーの実践を現実にどう実現していくのか、コストに見合うメリットをより説得的に説明するのが次のステップで求められてくる。

4-4　市民の真意をどう汲み取るか

　"市民参加"という言葉の持つ意味合いは、時代により変化してきた。1970年代までは、公共圏への市民参加は人間の生存を脅かすような深刻な問題も含めそれぞれの生活の改善を目指して、市民活動として政府への強い働きかけとして参加し、またそれは体制への要求闘争として左翼的な意味合いも持っていた。しかし生活水準が改善するにつれて、1980年代以降は闘争の意味合いは薄れ、より地域の文化的、精神的あるいは自治的な要求へと参加の目的は変化してきた。ここでは地方自治体への市民参加は、条例で定められるなど具体的な制度として保障され、議会との関係も徐々に作られてきた。

　しかし市民参加の活動が制度化されると、そのダイナミズムは失われると言われるように、今日の市民参加は、闘争の側面は日常の場面ではほぼなくなり、より平等で民主的な社会の建設のために市民が公共圏で意見を出し合うという穏やかな参加となった。第Ⅱ編で紹介する市民参加予算は、この文脈の中で制度化された市民参加の1つのカタチである。しかし市民参加予算は、市民参加の中でもとりわけ財政民主主義に関わる議論の多い取組みである。予算という「政治闘争の場」（ウィルダフス

キー（小島昭訳）『予算編成の政治学』1972年）である財政の核心に代表でもない市民が介入することは、市民の代表として選挙で選ばれた代議員の意思を場合によっては無視してしまうことになりかねない。すなわち、代表制民主主義を否定してしまうことにもなる。わが国では、市民が予算編成過程に直接参加する市民参加予算はまだ導入されていない。

　そのような代表制民主主義を蹂躙するような市民参加予算が、市民参加の１つのカタチとしてなぜ世界で広まっているのか。またなぜ、日本ではまだ導入されていないのか。市民参加予算はほとんどが地方自治体に関わる仕組みであるが、そこには国の政策、政治、とくに自治体の首長の政策、あるいは市民の特性、地域の特徴、自治団体の成熟度、などさまざまな要因が作用している。詳細は後述するが、例えば今日の市民参加予算の嚆矢となったブラジル・ポルトアレグレ市の取組みは、それまで社会に参加できなかった市民の意見を予算に反映させて実現させたことが支持を受け、このことが国際機関等で評価され世界に広められた。しかし先進諸国ではこのような成果は現われ難く、この取組みはカタチを変えて導入されている。第Ⅱ編では、ポルトアレグレ市の市民参加予算を紹介したうえで、そこから各国ではどのような取組みとして始められたのか、紹介しよう。

II

市民参加予算の登場と広がり
—世界の動きと日本の現状—

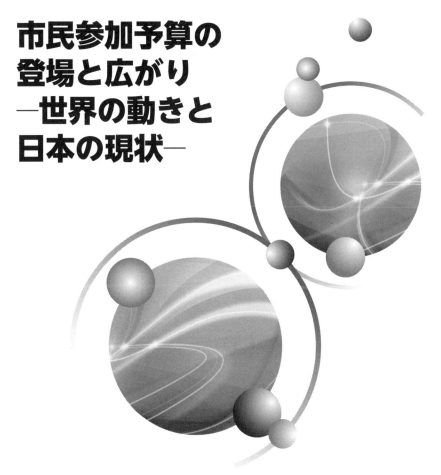

市民参加予算の登場と広がり
─世界の動きと日本の現状─

　市民参加予算は、討議デモクラシーの実践としては世界で最も多く試みられている。しかし代表制民主主義が基本のところに市民参加予算の取組みを導入すれば問題も生じる。それにもかかわらず市民参加予算は広がりを見せている。ブラジルの地方都市ポルトアレグレ（Porto Alegre）で1989年から始められた市民参加予算を中心に、世界の広がりと日本の現状をみよう。

5　市民参加予算とは

　「市民参加予算」ないしは「参加型予算」（Participatory Budgeting：PB）という言葉は、それほどわが国ではまだ馴染みがないかもしれない。しかし市民参加予算の取組みは、ブラジルから南米を中心に1990年代より地方政府レベルで徐々に導入が始まり、欧米やアジアにも広がっている。市民参加予算の意味を調べると、インターネット上の辞書であるウィキペディア（Wikipedia）には日英ともに項目があり解説が載っている。また国連や世界銀行などの国際機関でも説明されている。いくつか紹介しよう。

・国連（UNHABITAT）
　「参加予算とは、参加意識を高め行財政の責任と透明性を改善する革新的な財政上の実践である。またそれは公共の意思決定とより公平な資源配分に市民が参加し決定権をもつことができる仕組みである。」

・世界銀行（The World Bank）

　「参加予算は、予算の意思決定プロセスに市民を参加させる革新的な仕組みである。…市民参加予算は1980年代後半にブラジルのポルトアレグレで始められ、その後ブラジルで240以上の自治体で導入された。」

・ウィキペディア（日本語サイト）

　「参加予算とは、自治体の予算配分を自治体職員ではなく、その自治体に住む住民が決定する制度である。ブラジルのポルトアレグレ市で1989年に始まり、その後ブラジル各地のみならずウルグアイやアルゼンチンなどの南米諸国や、スペイン、フランス、ドイツなどヨーロッパ諸国にも広がりを見せている。参加型民主主義および連帯経済の一形態とみなされている。」

・ウィキペディア（英国版サイト）

　「参加型予算とは、民主的討議と意思決定のプロセスであり、参加民主主義の一形態であって、市民が自治体の予算の一部の配分を決めるものである。PBはまた、市民に公金の支出に関して議論と優先付けをしてもらうことで実際に意思決定の権限を与えるものである。PBが市民と地方自治体の相互信頼によって行われることで双方にメリットが生まれ、納税の理解もえられる。」

・イギリス政府の政策白書「参加予算：2008」
（Participatory Budgeting 2008）

　「参加予算は、地域の人々が予算に関わる支出の優先順位の決定に参加することである。すなわち、その地域の住民やグループが自治体の支出について優先順位を話し合い提案して投票してもらうことで、支出を検証し助言する役割をもたせるものである。」

　なお、この白書を作成した当時のブラウン労働党政

権は、参加予算を2012年に地方自治体に導入することを提言していたが、2010年に政権が交代し消滅した。その後は後述するコミュニティ予算（Community Budget）が試験的に実施されているが内容は市民参加とは異なるものである。

（市民参加予算の研究者）
・ワンプラー（Wampler 2000）
　「参加予算プログラムは、革新的な政策決定プロセスであり、市民が直接に政策決定に参加するものである。」
・シントマー他
　　（Sintomer,Y., C. Herzberg and A. Röcke 2005）
　「参加予算は、資金の内容と配分について非選挙民の参加を認めるものである。内容は、（1）限られた予算について議論、（2）行政府の関与、（3）循環のプロセスの設置、（4）公開の討議、（5）成果に関する説明責任、である。」

　これらの市民参加予算の説明は、ポルトアレグレ市で始まったプログラムを念頭にまとめられている。すなわち、一般の市民が政府の予算編成プロセスに直接に加わり、予算の一部について使途の決定、あるいは事業の優先順位付けを行うものである。このプログラムはとくに、公共への参加機会の少なかった人々を巻き込むことで支持をえて評価されてきた。ただし、そこには政治的な思惑もあり、またそうした参加を可能とした地域の自治会などが組織されてきたことも影響していた。

　世界に広まった市民参加予算は、ここで説明されているプログラムとは異なってそれぞれの状況に応じて内容を変えて実施されているものもあるが、一般の市民が政府の意思決定に直接に関わる点では共通している。

6 市民参加予算の誕生─ブラジル・ポルトアレグレ市から始まった市民参加予算─

　世界に広まっている市民参加予算であるが、その始まりはブラジルで当時の軍政から民政へ移管した直後という政情が大きく関わっていた。最初に取組みが始められたポルトアレグレ市においても同じ状況であったが、そうした中で始まった取組みがなぜ、これほど世界に広まったのであろうか。導入の経緯と仕組みを紹介しながら、その理由を探ってみよう。

6－1　ポルトアレグレ市の導入経緯─労働者党市長のイニシアティブ─

　ブラジルは1964年から軍事政権下にあったが、1985年に民政に移されて民主化が進められた。ラテンアメリカ諸国では1980年代央頃より左派の政治勢力が台頭し、ブラジルでも社会主義政党の労働者党（Workers Party、ポルトガル語でPartido dos Trabalhadores：PT）が総選挙で勝利して政権をとり、1988年には新憲法が制定された。軍政下で制限されていた地方自治は、政権交代とともに民主化と地方分権化が進められて強化された[1]。

　ブラジル南部に位置するリオグランデ・ド・スル州の州都ポルトアレグレ市でも1988年の市長選で労働者党のドゥトラ（O. Dutra）氏が選ばれた。同市ではその後、同党から市長が4期16年間にわたって選出された。労働者党は政権公約のなかで、限られた予算を効果的に生活水準の改善等に使うための取組みとして、市民

1　ポルトアレグレ市の参加予算について日本語文献は、小池洋一（2004）、山崎圭一（2009）、出岡直也（2012）など、英語文献は、Baiocchi（2005）、Baierle（2007）、Wampler（2007）などが詳しい。

参加予算(ポルトガル語では「参加予算」(Orçamento Participativo：OP)の導入をあげていたが、労働者党の中でも急進派であったドゥトラ市長は、このOPを市民組織とともに協議を重ねながら市民にとって効果が目に見える仕組みに作り上げていった。OPの目的には、政治的・経済的活動から置き去りにされた人々に声をあげる機会を提供することで草の根民主主義を実現することであったが、これは同時に、そうした人々の支持を得ることで議会の多数派を攻略することでもあった。また市民が直接に予算に関与することで、前政権から続いていた政治腐敗を撲滅し政策の透明性を高めることも意図していた。

ポルトアレグレ市のOPは、回を重ねるごとに参加人数が増えてきたのであるが、その要因として1つは、民政移管とともに政治主導により市民の側に自治会が広く組織され、生活環境に関連する議論が盛んとなったことがあげられる。労働者党は地区単位の住民組織を育成して、草の根民主主義の強化を図った。地区の自治会をとおして多くの市民がOPに参加できる環境を整えたのである。2つは、新憲法により地方分権化が進められ、国から地方への財源移転が始まりインフラ整備等に使える予算が大幅に増えたことがある。市民が実際に関与できる予算が確保されたことで、その成果が実感できる状況が作り出されたのである。実際に資本的予算はOPによって決められた。そして3つは、より多くの市民参加がえられる仕組みとなるよう改良を重ねたことである。140万都市(当時)で労働者党の市長が16年間にわたって選出されたのは、参加した市民が成果を実感できたのと同時に、議会もそのことを容認できたからである。ポルトアレグレ市のOPのプロセスでは、大都市でありな

がら多数参加による民衆集会が実現し、直接民主制と間接（代表）民主制が組み合わさった討議デモクラシーが実践されてきた。

　ポルトアレグレ市で1989年から始まったOPは、参加人数は当初は年間で1千人に満たなかったがその後増え続け、ピーク時の2003年には総計で5万人にまで達した。OPに参加した市民は、それまで社会的に排除されてきた人々が参加するようになったが、その誘因となったのは、主に貧困地区で生活インフラ等の環境改善がOPにより実感できたことである。こうした目に見える成果は、1994年に国連（UNHABITAT）で紹介されたことや研究者、研究機関などが実態調査等をとおして高く評価したことでブラジル全土をはじめ南米各国、そして欧米からアジア諸国まで広まった。

6−2　ポルトアレグレ市の参加予算の仕組み

　ポルトアレグレ市で始められた参加予算（OP）は、そのプロセスをとおしておおよそ次の3つの段階に分けられる。

図表Ⅱ−1　ポルトアレグレ市の位置

ポルトアレグレ市
リオグランデドソル州都
人口　　約140万人（2004）
面積　　476km²
GDP　　80億ドル

第1段階：全住民が参加できる地区毎の評議会（自治会）（3月〜7月）

最初の段階はOPへの直接参加である。ここでは地区の集会にだれでも参加でき自由に意見を述べることができる。3月から5月にかけて、次年度予算の説明や要求の内容などが話し合われる。参加自由であるが地区の住民に限られる。市全体を16に分けた地区別の評議会と6つの事項別（交通、教育、文化、保健福祉など）の評議会が組織され、住民集会が開催される。ここでは予算の優先分野の投票などが行われ、またOPの予算を最終的に決める場である代議員総会（参加予算審議会とも訳されている）へ送る代議員を各評議会からそれぞれ2名を選出する。全ての住民が代議員になりえるが、市長から独立していることが求められる。7月には数千人規模となる市民全員参加の市全体の総会が開催される。

第2段階：地区代表者による代議員総会（7月〜9月）

ポルトアレグレ市のOPの特徴としてあげられるのは、市民の直接参加に加えて代表による間接参加のプロセスが設けられていることである。ここでは地区から選ばれた代議員が代議員総会で予算の優先課題などを投票で決定する。代議員は市民から適正性について監視され、不適切であると判断された場合には解任される。代表者の再選は限られているなど通常の市議会議員とは異なるが、直接の市民参加と代表による間接参加とが組み合わされている。7月から9月にかけて代議員総会が開催される。ここでは市民レベルでの最終的な予算要求を審議して、市議会に提出するOPの予算案をまとめる。代議員総会には評議会で選ばれた代議員のほかに、市職員労働組合と住民団体連合会からも投票権を持って参加する。

第３段階：市議会での予算決定

　最後は市議会での決定である。代議員総会で策定されたOPの予算案について、市当局と議会で協議して予算案をまとめる。OPで決められた予算案は、立法権はもちろん持っていない。したがって代議員総会で決められたOPの予算案がそのまま市の予算に反映されるわけではない。行政の側では事業の継続性や計画性など総合的な観点からも判断して最終的に決める。

　市民がOPサイクルで直接参加するのは、図表Ⅱ－２で①、②および④である。参加人数は図表Ⅱ－３に示してあるように、最初は１千人前後であったがその後増え続け３万人近くに達し、延べの数では５万人を超えている。また優先事業の投票では、図表Ⅱ－４に年度ごとに第１位から第３位までの順位を示してあるが、最初は下水や道路舗装などの生活インフラの整備を優先していたが2000年代になると住宅、教育、社会福祉といった教育文化福祉の整備へとシフトしている。

６－３　ポルトアレグレ市の取組みの評価とその後

　ポルトアレグレ市のOPについては、多くの文献で紹介されている[2]。これらからおおよそまとめると、プラスの評価としては以下の３つがあげられる。

①住民のエンパワーメントが実現

　直接民主主義の実際として、住民がOPをとおして予算決定のルートを手に入れた。全ての住民に参加機会が与えられた民衆集会には、労働者党が市長であった2004年までの間、参加者数は増加の一途をたどり、2000年代

---

[2] 例えば英語文献では、Allegretti（2003）、Bruce（2004）、Gret and Sintomer（2007）、Novy and Leubolt（2005）、Wampler（2005）、World Bank（2008）など。

図表Ⅱ－2　ポルトアレグレ市の参加予算サイクル

第1段階

①3月～4月　地区毎の準備集会、地域事項別評議会での予備的議論（地区毎の自由参加）　→　②4月～5月　地域別（16）、事項別（6）の住民総会（地域毎の自由参加）　→　③5月～7月　予算要求優先順位決定及び評議員選挙（参加住民による代表2名評議員選挙）　→　④7月前半　市民総会、優先課題の決定及び評議員の確認（数千人規模の総会）

第2段階

⑤7月～9月　代表による予算議会予算編成、市政府による査定

⑥8月～9月　予算案の投票、予算案の審議・投票　←　⑦10月～12月　プロジェクトの詳細、実施計画の盛り込み　←　⑧11月～12月　地域・事項別評議会で基準の変更等の議論　←　⑨12月～1月　最終予算案への賛否を問う投票

第3段階

⑩2月休会

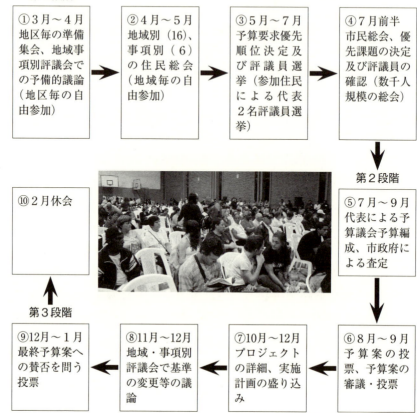

資料：NGO Cidade、http://www.ongcidade.org/site/htm/comum/cicloEN.html を参考に作成。

図表Ⅱ－3　ポルトアレグレ市参加予算の参加人数の推移

年度	1989	1990	1991	1992	1993	1994	1995	1996	1997	1998
参加人数	1,510	976	3,694	7,610	10,735	9,638	11,821	10,148	11,908	13,687
年度	1999	2000	2001	2002	2003					
参加人数	16,813	15,331	18,583	28,907	23,520					

資料：NGO Cidade.

図表Ⅱ-4　ポルトアレグレ市参加予算における優先順位事業の推移

	1992	1994	1996	1998	2000	2002	2004	2006	2007
下水処理	①	③	②	③					
道路舗装	③	②	①	①	②	③			
住宅整備		①	③	②	①	①	①	①	①
学校教育	②					②	③	②	②
社会福祉							②	③	③
医　　療					③				

資料：Marquetti et al.（2009），p73.

　に入ってからは3万人近くの市民が参加した。人口比では2％程度であるが、大都市でこの参加率は高い。また参加者の属性は、一般公募であったが低所得層や低学歴の社会的弱者の人々や女性、若年層の参加が多くを占めていた。通常は一般公募のケースでは高所得層や高齢者、特定の利害関係者など参加バイアスがあるが、ポルトアレグレ市のケースでは見られなかった。これはその成果が参加者自らに及び、参加へのインセンティブが働いたものと観測されている。

②最も貧しい地域において行政サービスとインフラが目覚ましく改善

　都市部と郊外のスラム街との生活水準の格差が大きかったが、貧困地区にも診療所が設立され、学校や保育所など教育施設なども整備された。スラム街の道路は舗装され多くの世帯が上下水道にアクセスできるようになった。この結果、バランスのとれた都市開発ならびに有効な予算の使い方が実現した。

③行政改革の実現

　政治と行政による住民組織の育成と評議会等をとおして交流が盛んになるにつれて、行政の透明性が高まり、結果として汚職等の不正が少なくなって組織・機構の改

革が進められた。また親族主義的な政治体制も民政移行もあって改められ、より良いガバナンスの姿が現れ始めた。

　こうした評価がえられたのは、住民組織が機能して市民の側の「ボトムアップ」と政治行政の側の「トップダウン」が融合して、まさにハーバーマスのいう議会政治と市民社会の政治の2回路の討議デモクラシーが実践されてきたともいえる。しかし以上のような評価がある半面、いくつかの問題点も指摘されている。1つは、OPの維持には長期的にみると多くの経費を必要とすることである。OPのプロセスをみて分かるように、1年をとおして評議会の準備や運営が行われ、大規模な集会にも相当の費用を要し行政の負担は小さくない。2つは、それを機能させることの難しさがある。OPの予算案は立法権はないため、議会の予算案にどこまで取り入れるかは議会が決める。多ければ議会の審議権を侵害することにもなりかねず、また少なければOPそのものの意義や市民の関心が損なわれることになる。ポルトアレグレ市では、市予算のうち資本予算の一部（全体予算の15％程度）がOPによって決められてきた。

　ポルトアレグレ市のOPは、以上のような問題点もあるが、労働者党市長が交代した2004年以降も続けられていることからも、市民に定着した取組みとして評価できる。ブラジルでは2005年に国内で少なくとも250都市でOPが仕組みは異なるが導入されていた。そのうち興味深い取組みの1つが、同じく労働者党市長により1993年から始められたベロオリゾンテ市（人口約250万人）のOPである[3]。同市のOPは、ポルトアレグレ市と比べれ

3　小池陽一（2009）に詳しい。

ば予算はやや制限された仕組みとなっているが、2006年から市民がインターネットないし電話で投票して優先事業を決める新たな取組みを始めた。インターネットによる市民参加は、後述するアメリカやドイツの事例などでも試みられており、参加のすそ野を広げることに役立つ半面、参加者の討議がないまま投票を行うことになり討議デモクラシーという範疇からは外れてしまう。

図表Ⅱ-5　ベロオリゾンテ市参加予算による河川改修の成果

資料：Belo Horizonte HP.

7　市民参加予算の世界への広がり

　ポルトアレグレ市の参加型予算（OP）は、国際機関等の高い評価が評判となり、これを参考にした市民参加の予算編成や政策決定等の取組みが世界各地で始められた。次節で述べるように、世界ですでに２千を超える事例が数えられるとの推計もある。しかしポルトアレグレ市の成果は、インフラがまだ未整備の発展途上国で現れたといえなくもない。したがって、同じ仕組みをそのまま他の国・地域に導入しても同じ成果が期待できるとは限らない。いくつかの事例をみながら、どのように展開しているのか検証してみよう。

7－1　世界の動向―世界的な広がりをみせる市民参加予算―

　はじめに世界の全体的な動きをみよう。市民参加予算は、1989年にポルトアレグレ市で始まってから2000年に入って急速な広がりをみせてきた。市民参加予算の研究者であるシントマー等（Sintomer et al. 2013）によれば、市民参加予算の定義は一様ではなく数え方は曖昧なところもあるが、2001年に世界で２桁の地方政府でしか導入されていなかったが、2012年の推計では、図表Ⅱ－6に黒丸で示してあるように、世界で1,269～2,778を数えている。もちろんこの推計はポルトアレグレ市のOPプログラムに限定したものではなく、より広範にとらえて数えたものである。

　地域別にみると、ラテンアメリカは618～1,130で世界の約３分の１を占めている。このうち市民参加予算が初めて導入されたブラジルでは200～250の事例がある。ヨーロッパではイタリア54、フランス42、スペイン38、ド

図表Ⅱ－6　市民参加予算の世界中の広がり（2009年現在）

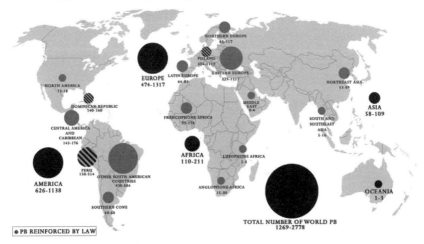

資料：Sintomer et al.（2013），p13.

イツ32、ポーランド44であり、スウェーデンなど北欧諸国は44～76、東欧は5～20である。その他、アフリカは66～110、アジアは40～120である。日本は5から10と推計しているが、これはOPプログラムではもちろんなく、予算付けされた事業の使途への市民参加を数えたものと思われる。また北アメリカは少なく2～10である。なお後述するように、この数はヨーロッパや北アメリカではこの後さらに増えている。

7－2　各国の事例

　市民参加予算の定義は第5章でみたように、市民が政府の予算プロセスに直接に関わることである。しかしここでみる事例は、市民参加予算をより広義にとらえて、市民が政府の予算編成プロセスのみならず予算決定後も含めて何らかの意思決定に直接に関わるケースも含めている。これはいずれも間接民主制を補完する仕組みとして直接民主制を多少なりとも取り入れて、市民との直接

対話を重視したより民主的な意思決定を目指すものである。なおこれらの事例は、内外の関連文献を渉猟してまとめたものであり、詳細についてはそれぞれの引用文献を参照してもらいたい。

7－2－1　イタリアから始まったヨーロッパの市民参加予算

ヨーロッパでは南欧諸国を中心に1990年代中頃より市民参加予算が広まったが、2000年頃までは実験的試行期として区分されている[4]。この期間は以下に紹介するイタリア・グロタマーレで最初に試行的に始められてから、フランス（リヨン、パリ）やスペイン（セビリア、コルドバ）、ポルトガル（リスボン）などでも始められた。つぎに2005年頃までが拡張期であり、ヨーロッパ全体でおよそ55の事例が確認されている。それ以降は拡充多様期で事例は3倍となり、仕組みもそれぞれ国の政情や地方分権度に応じて多様になっている。今後もヨーロッパでは市民参加予算は制度化されて増え続けることが予想されている。

①ヨーロッパ初の事例グロタマーレ

ヨーロッパで最も早く市民参加予算を導入したのは、1994年にイタリア中部の東海岸に位置する人口約1万5千人の基礎自治体（コムーネ：commune）グロタマーレが始めた「参加予算」（イタリア語でBilancio Pertecipetivo：BP）の取組みである[5]。イタリアでは戦後の"奇跡の成長"の後に広まった政治不信に対す

4　Sintomer et al. (2013) の区分による。
5　グロタマーレの詳細については、Laratta (2013)、Bassoli (2012) などを参照。

る動きとして、地方では1990年頃から「連帯と参加」（Solidarity and Participation）と呼ばれた反資本主義的運動が起こり、また反グローバリゼーション（Global Justice Movement）の国際的な動向とも相まって政治的な連携となって中道左派勢力が拡大した。グロタマーレでも左派政党となった「連帯と参加」が1994年の選挙で勝利し、以降3期にわたって支持された。

　こうした中で始められたグロタマーレのBPは、7つに地区分けされた自治会への市民参加と毎週開催される公開の行政主催の委員会でスタートしたが、年々改良が重ねられ2003年には、参加市民から選ばれた代表が行政と政治との議論をとおして優先課題を選択する仕組みとなった。これは2001年にポルトアレグレ市で誕生した「世界社会フォーラム」（World Social Forum）の反グローバリズムの影響を受けながら改良されたもので、ポルトアレグレ市の参加型予算（OP）の仕組みに近づいていた。すなわち、左派政治によって市民参加予算が導入され、市民は自治会をとおして参加し、そこから代表が政治と対話しながら政策決定に関与していった、まさに「ボトムアップ」のBPである。またこのBPは、予算総額の最大で10％程度に市民の提案が関わった。

図表Ⅱ－7　グロタマーレの参加予算サイクル

資料：Bassoli（2012）、p.1192.

②ローマ市11区の事例

　イタリアの首都ローマ市の11区は2001年に地方分権化で誕生した人口14万人の行政区であるが、公選の区長と議員の議会がある自治体である。グロタマーレと同様に左派の政治勢力により2003年から2007年にかけて参加予算（BP）が実施されたが、その運営は「ボトムアップ」ではなく、仕組みからみると行政主導で行われた[6]。

　11区のBPサイクルは、グロタマーレと同様に1月に地区自治会で市民の議論が始まり、次に参加者15人当り1人選ばれる代表が行政との間で議論を行うのであるが、それに先立って代表は3か月程度毎月地区住民と個別集会で会合をもち意見交換する。6月に地区自治会で優先順位の投票を行うが、最終的には行政と市長が議会に提出する予算案を決定する。12月に決定する予算は政治的にはローマ市が強く11区では限界がある。この特別区の事例は、議会はあるが特別区という限定的な権限のなかでの市民参加であるので予算への関与は限られている。それでも市民参加のツールが設置されたことに意義が見いだせよう。

7－2－2　イギリスの取組み─NGO主導から国の政策へ─

　イギリスの地方政府は、財政的な自治に関してはかなり限られている。自主財源の地方税はカウンシル税のみであり、歳入に占める税収割合は大都市でも2割程度である。また一般財源の補助金は日本ほど多くなく、教育や警察など特定補助金のウエイトが高い。そのため市民参加予算といっても実際に市民が決められる財源が地方

6　ローマ市11区の解説については、Bassoli（2012）がある。

政府にはほとんどない。また資本予算の割合は経常予算に比べて少ない。したがってイギリスのケースは予算規模でみると非常に小さいが、特定補助金（ring fence grants）など枠内の使途に関与する仕組みとして始められている。

①NGOが主導したコベントリー市の取組み

　イギリスで最初にポルトアレグレ市の参加型予算（OP）に関心をもって普及活動を始めたのは、世界的なチャリティ団体「貧困に立ち向かう教会活動」（Church Action on Poverty）の支援を受けたマンチェスター市の小さなNGO「コミュニティ・プライド・イニシアティブ」（Community Pride Initiative：CPI）であった[7]。イギリスに本部を置く世界的なNGO「オックスファム」（Oxfam）の貧困撲滅プログラムとともにCPIは、マンチェスター市とサルフォード市（Salford）およびブラジルのポルトアレグレ市とレシフェ市との間で、いかに地域の人々を政策形成プロセスの中に参加させ、地域の意見を反映した政策を作ることができるかについて意見交換を呼びかけた。2000年5月、ブラジルのNGOのメンバーがマンチェスター市とサルフォード市を訪れ、OPのプロセスの考えや仕組みを紹介した。その3ヶ月後に実際の運用を学ぶために、マンチェスター市とサルフォード市から3人のメンバーがCPIのメンバーとともにポルトアレグレ市とレシフェ市を訪れた。10日間にわたるブラジルでの研修後、CPIなどをとおしてその有用性が紹介された。ブラジル研修に参加したホール（J Hall）氏を中心とするCPIのメンバーは、OPのプロセス

7　詳細は兼村・ララッタ（2011）参照。

が労働党政権で進められていた「衰退地域の社会的・経済的復興」や「行政サービスの改善」などの施策に関連し、市民参加に関わる問題をより構造的に包括的に解決しうると考え、イギリスでもOPを普及させようと呼びかけた。

イギリスの地方政府で最初に参加予算（Participatory Budgeting：PB）のプロセスを取り入れたのは、2004年にブラッドフォード市（Bradford：人口52万人）が始めた取組みであるが、ここでは"参加型補助金"（participatory grant-making）ないし"コミュニティ補助金"（community grant）と名付けられていた[8]。すなわちイギリスのPBは、特定のテーマ（地域福祉、教育、防犯等）に交付される補助金（予算）の使途に住民が関わる事業として行われてきた。そのなかで興味深い取組みとして、コベントリー市の事例がある[9]。コベントリー市のケースは全国で評判となり、チャリティ団体の支援で「参加予算ユニット」（Participatory Budgeting Unit）が設置され、その普及に貢献してきた[10]。

コベントリー市（Coventry）は、イギリス中西部の田園地帯の中心部に位置する人口30万人の都市である。コベントリー市での導入は、企業やNPO、行政関係者が集う「地方戦略パートナーシップ」の中に設けられた地域再開発チームが主体となって、2008年にPBを行うことになった。コベントリー市は貧困地域のコミュニティ再生のために市と地域コミュニティが51万ポンド（£1＝170円で約8,700万円）を用意し、地域の人々の間で

8　Sintomer (2013) p187.
9　コベントリー市の事例については、兼村・ララッタ (2011)を参照。
10　現在は休止状態である。HP、http://www.participatorybudgeting.org.uk/

の議論を踏まえた上で、市民が投票した優先順位の高い事業に資金を充てるものである。この一連の手続きは"参加型予算の日"を決めて次のように行われた。まずあらかじめ選んだ35事業について、それぞれ2人の代表が事業の内容を紹介する。それに対し、貧困地域から派遣された参加者が自分の住む地域コミュニティの再生に関する事業以外の事業に対して、優先順位の高い順に1点から10点の採点をつける。10の事業に関する発表が終わると採点票を集め合計得点をプロジェクターで映しだす。採択された地域の人々は、受け取った資金の一部を他の地域コミュニティの再生事業に充てることも可能であるため却下された地域の事業も「敗者復活」の機会が与えられる。コベントリー市のPBは非常にユニークであり、より多くの人々の意見を反映させようとしていたが、参加していない市民の意見をどのように取り込めばよいかという課題も指摘されていた。

②ブレア・ブラウン労働党政権（1997～2010）下で政策提言（白書）された「参加予算」

左派の活動家ウェインライト氏（H. Wainwright）が2003年に著した「国家の再生」（Reclaim the State）に触発されて、ブラッドフォード市（Bradford City Council）の議会や企業、NGOなどによって組織された「地方戦略パートナーシップ」（Local Strategic Partnership）に設けられた近隣地域再開発チームのメンバーが、2004年に実験的に参加予算（PB）を実施した。ブラッドフォード市で少額ではあるが衰退地域復興のための基金についてPBを取り入れた試みは、その後、他の衰退した地域でも実験的に行われるようになった。PBはその後、コミュニティ・地方政府省（Department for Communities and Local Government：DCLG）の大臣ブレアーズ（H. Blearse）氏によって、国の政策の中にも取り込まれた。2006年10月に公表された政府白書「力強く栄えるコミュニティ」（Strong and Prosperous Community）の中でPBについて言及がなされ、ブレア首相は政策課題としてPBをあげ、2012年までに全ての地方政府でPBを導入するという国家戦略を立てた（2010年5月に政権交代し消滅した）。内閣府によれば、「コミュニティに権限を」（Community Empowerment）の政策の1つとして、PBが34の地方政府で試行された。

なお、この取組みは市民が地方政府の予算編成に直接参加するのではなく、DCLGが資金を拠出（Pod）した地域積立金（Community Kitties）について、DCLGとともに「参加予算ユニット」がパイロットの地方政府を主導し取りまとめるものであった。したがって政府が導入を図るPBは、ブレア労働党政権下で進められてきた近隣地域再生計画など地域活性化のための補助金の使途について、それぞれの地域の住民が自治会等に参加して決めるという極めて限定的なものであった。これは地域が国とパートナーシップを組んで戦略的に目標達成を目指す「地域協定」（Local Area Agreement）の施策とも絡んだ取組みでもあった。

1つの事例として、ロンドン特別区の1つタワーハムレット区（人口22万人）が2009年から始めた「あなたが決める」（You Decide）プロジェクトのPBがある。同区はイギリスではまれな公選区長がおかれ、そのもとで地区ごとの集会（Community War Forum）で総額17万ポンド（£＝180円、約3,000万円）の予算を地域改善のために区民がその使途を決める取組みが行われていた[11]。

③キャメロン連立政権（2010〜）が進めてきた「コミュニティ予算」

　2010年5月に誕生したキャメロン保守・自民連立政権は、前政権が進めたPBに代わって「地域包括コミィニティ予算」（Whole Place Community Budgets：WPCB）を、2011年に制定した「地域主義法」（Localism Act 2011）による取組みとともに始めた。このWPCBは、国の緊縮財政政策とも関わる取組みであり、参加型予算（OP）のように市民が直接に予算を決めるのではなく、地方政府が責任を負う家庭内暴力や薬物中毒、幼児虐待、低所得者雇用の問題から学校教育、地域開発、商業振興など広範な問題に対処するために地域のNGO等とパートナーを組み、効率的で効果的な事業として推進する試験的な取組みである[12]。取組みの主旨からすれば、市民参加予算の範疇で紹介する事例ではないであろうが、英国で2011年から始められた地方政府の予算使途決定に関わる取組みなので以下に概要を述べておく。

　政府の主導で2011年4月に始まったWPCBは、当初4つの地域をパイロット事業として指定しその後16に拡大し、さらに2014年現在では100を超える事例を数えている[13]。WPCBの対象としている家庭問題等の関連支出は、総額は少ないがキャメロン政権が進める緊縮財政政策のもとで地方財政は危機的な状況にあり、決して無視できない支出となっている。WPCBの目的は、上記の公共サービスについて供給手法の見直しや改善、新手法の導入

11　現在の状況についてはタワーハムレット区のHP参照。
　　http://www.towerhamlets.gov.uk/news__events/news/february_2014/decide_on_local_improvements.aspx
12　クレア・ロンドン事務所マンスリートピック（2011年7月）参照。
13　WPCBに関してはHP、http://communitybudgets.org.uk/を参照のこと。

などで民間と連携して事業の効率化・有効化を図るものである。したがって前政権のPBで行われていた直接の市民参加はなくなり、NGO等が行政とのパートナーという関係での参加となった。ここでは民主性の問題よりも、財政的効率性の問題に主眼をおいた取組みとして導入されたものであり、またキャメロン政権が進める「大きな社会の建設」（Building the Big Society）とも関連している[14]。

WPCBの目的である財政的効率性については、民間のシンクタンクがパイロット自治体について2012年に調査した結果によれば、社会福祉サービスで5～9％、家庭内サービスで4～8％の経費節減が見込めるとの結果を公表している[15]。

なお、地方政府とNGO等とのパートナーシップによる協働の取組みは、1990年代より政府主導で始められ地域戦略パートナーシップ（Local Strategic Partnership）

図表II-8　イギリス・地域包括コミュニティ予算

```
        ┌──────────┐
        │  地方政府  │
        └──────────┘
              ↕   パートナーシップで決定
     ┌──────────────────┐
     │ NGO、ボランティア団体  │
     │ コミュニティ、社会的企業等 │
     └──────────────────┘
       （社会福祉等公共サービス）
              ↓
           ┌──────┐
           │  住民  │
           └──────┘
```

14　「大きな社会の建設」については、英文であるが政府の説明がHPに掲載されている。https://www.gov.uk/government/publications/building-the-big-society
15　Ernst & Young（2013）p29.

や地域産業パートナーシップ（Local Enterprise Partnership）として地域開発の取組みとして進められてきた。

7-2-3　北アメリカの大都市で政治主導で始められた参加予算

　アメリカ合衆国の地方自治は、歴史的には市民（移民）が政府を創ってきたという自覚がありヨーロッパ諸国と比べると自治意識が高いという背景がある。それゆえ市民参加予算はそれほど普及してこなかった。市民参加予算を新たに導入しなくとも、市民の声は他のツールで公共に届けられてきた。必要なら市民の発意で州政府の認可をえて自治体を設置できるし、行政のトップは民間からシティーマネージャーとして公募により採用されている。しかしそれでも参加予算の取組みは2011年にシカゴ市49区とニューヨーク市で始められ、全米にまだ数は少ないが広まりつつある。またカナダでもいくつかの都市で始まっている。

①シカゴ市49区の事例

　イリノイ州シカゴ市（人口約270万人）の選挙区の1つである第49区（同6万人）から選出された市会議員ムーア氏（A. J. Moore）は、2007年に市民参加予算に関する社会フォーラムに参加した際に、ブラジルのポルトアレグレ市で1万人以上の人々が市の年間予算の20％にあたる資金の使途に関して直接に決定を行っていることを知った。また市民参加予算は当時、世界の1,200以上の地方政府で実施され、それは国連においても民主的な統治を実践する最もよい方策として認識されていることも知った。その時点でアメリカでは市民が直接に公金の

使途に関して決定を行っている市はなかったが、ムーア氏は自身の選挙区である第49区でそれを実践することを明らかにした。

　シカゴ市第49区選出のムーア議員が始めた「参加予算」（Participatory Budgeting：PB）と名付けられた取組みは、市から各議員に割当てられる公共事業予算130万ドル（約1億4千万円）について、その使途を第49区の住民とともに考える試みである。ムーア議員は2009年4月にPBの実施に向けて工程表を作成する「運営委員会」（steering committee）を設置するとともに、同区の全ての地域組織の代表を招き、PBに関するガイダンスを行った。11月から始められた地域集会をとおして、住民は130万ドル（実際には100万ドルで30万ドルは前年度等調整資金）の使途に関するアイデアを出し合い、それらを具体的な案へと発展させていく代表者を選んだ。代表は「運営委員会」のメンバーとともに、6つのテーマごとに設置された委員会に配属され、4ヵ月にわたって専門家と話し合い調査を行うなどして、予算案を作成した。例えば、最も修復が必要な歩道を特定するため交通委員会のメンバーは実際に区の全ての歩道を真冬に歩いた。あらゆる委員会のメンバーは、区民のニーズを汲み取るために献身的に活動を行った。数ヵ月後、地域代表者は36の予算案を投票にかけ、区民に対し周知活動を行った。例えば、芸術委員会は、地域の文化センターであるMess Hallで行う美術展示会に関する予算案を作成した。翌年の2010年4月、区民を問わず16歳以上の人々がこれらの予算案に対する投票に招かれた。結果としては、1,652人の住民が投票を行い、区の将来について自らの意見を表明した。100万ドルの予算は、多くの票を獲得した事業から順に事業費の合計が100万ドルとなっ

たところでまで採用する。2010年は14の事業にあてられることになった。最も多くの票を集めたのは、歩道の補修であったが、6つの委員会全てで1つ以上の予算案が採択された。以来、毎年実施されており、4回目となる2014年の参加者は1,763人を数えている。

シカゴ市第49区の事例は、その導入がポルトアレグレ市の取組みに関心を持った政治家が始めたのであるから、ここのPBへの参加手続きはOPに近い。しかしシカゴ市の地域特性として多民族多言語であることから、人口6万人といっても様々な事情で参加は限定的とならざるをえなかった。例えば、行政ニーズについて話し合うための集会場が設けられていたが、投票に参加したラテン系の人々の数は市への不信や移民であることへの不安から極めて少なかった。またいくつかの地域では、代表者が住民と1対1で話し合う時間をほとんど持つことができなかったため、多くの生活困窮者の意見を取り込むことができなかったという。しかしムーア議員は、住民が決定権を持って市政に参加することは本当の民主主義を実現し、活力ある地域をつくる上で不可欠であるとしてPBを続けている。また地域代表者は、いかに住民の関与を強めるか、また130万ドル以外の公金の使途についてもPBに取り込めないか、議論を行っている。さらに他の区でも、次の区長選に向けて、PBの導入を公約に掲げる動きも見られている。

②ニューヨーク市の事例

ニューヨーク市ではこれまで広義の市民参加予算のような取組みとして、1975年から地域の課題や土地利用等に関して地区ごとにコミュニティ委員会（Community Board）を設置し、その運営資金を市が交付し使途につ

図表Ⅱ－9　シカゴ市49区選出議員分への参加予算

```
   ┌─────────────────────┐      →‥区選出議員A
   │ シカゴ市議員1人当り公共事業 │      →‥区選出議員B
   │ 予算130万ドル配分         │      →‥区選出議員C
   └─────────────────────┘
              ↓
       49区選出議員ムーア氏
```

100万ドル（30万ドル予備）使途投票の手続き
第1段階2013年10月：地区自治会で区民への説明 第2段階2013年11月～2014年3月：地区代表者の会議で事業メニュー案の作成および地区自治会との討論 第3段階2014年4月：地区自治体への最終案の提示 第4段階2014年5月：事業メニューへの投票 （投票結果） 100万ドルのうち優先事業として街路補修・街灯整備への予算配分割合は投票で69％（69万ドル）と決定。残31％の配分は投票でバス停のベンチ設置、図書館のカーペット補修など。

シカゴ市49区集会の風景

シカゴ市のPBのロゴ

出所：http://participatorybudgeting49.wordpress.com/

いて委員が決めるものがあった[16]。しかしここで紹介する事例は、シカゴ市第49区でムーア議員が始めた「参加予算」(PB) と同様に、市会議員に割当てられている公共事業予算の使途を市民が決めるものである[17]。

ニューヨーク市のPBは、2011年に4人の議員によって始められ2014年には9名の議員が加わり、総額1,400

図表Ⅱ-10　ニューヨーク市のPBプロセス

| 2013年9月～10月：市民の地区自治会参加 |
| 地区自治会でPBの講習、地域課題の討論、事業案の提示、代表の選出 |

| 2013年11月～2014年2月：自治会代表の活動 |
| 代表のPB手続きの講習、地区自治会議論の整理、委員会の設置 |
| 委員会での討議、議員と専門家を交え予算案の作成 |

| 2014年3月～4月：地区自治会での議論、投票：市予算編成開始 |
| 予算案に関する地区自治会の議論およびその反映 |
| 最終予算案の提示および市民による投票 |

| 2014年4月～　議員からPB投票結果の議会提出 |
| PB最終予算案の議会への提出 |
| 市民によるPBの評価、改善の議論 |

（ニューヨーク市PBのロゴ）

16　自治体国際化協会「コミュニティと行政―住民参加の視点から―」平成14年度海外比較調査を参照。
17　ニューヨーク市のPBについては次のHPを参照。
　　http://pbnyc.org/

万ドルの予算を市民が決めている。PBの運営はPBプロジェクトとして市（議会）が関わり、市民レベルではNGOや多くの市民コミュニティがまとめ役となって市民参加を促している。2011年から始まったニューヨーク市のPBは、2013年のPBでは10地区の自治会で合計約17,000人の市民が参加して優先事業の投票を行っている。具体的には、公園整備や図書館改修などそれぞれの自治会で選んだ事業について、自分が望む事業にチェックをするものである。

　ここのケースは、市の予算規模と参加人数からみればわずかであるが、マイノリティや貧困層などもNGO等の支援で参加しており、PBの目的として説明されている平等な参加、公平な権限、コミュニティの権限強化に関して進展しつつある。

③コロラド州デンバー市の事例

　デンバー市での試みは、予算編成過程で歳出カットのメニューを市民がインターネットを経由して決めてもらうものである。デンバー市でもリーマンショックから財政収支が悪化し、2013年度に9,400万ドルの赤字が見込まれたことから、市長のハンコック氏（M. Hancock）は、2012年3月からこの問題を「参加予算」（Participatory Budgeting：PB）を導入して市民に解決策を考えてもらう取組みを始めた[18]。これは市が進める「デンバーの将来：参加予算プロセス」というプログラムとして実施されたものである。PBの作業は、市が設置した2つの説明会場で行政からPBに関する説明が行われた後に、参加した市民から削減メニューを決めて投票してもらう。

18　デンバー市のPBについては次を参照。http://engagingcities.com/

また自宅で市のホームページにアクセスしてインターネットをとおして予算削減項目を選択して投票することもできる。投票するとその効果が計算されて即座に会場に表示される。市民は繰り返し削減メニューを選択して削減額をみることができる。また示された削減メニュー以外にも市民にアイデアを求めた。最終的な投票結果は市長部局に提出されて予算に反映された。

　デンバー市のPBは、予算プロセスへの市民参加ではあるが、歳出削減というネガティブな政策決定を市民に協力を求めたものである。同様の取組みは後述するドイツでも行われている。

④カナダの事例
　カナダのいくつかの都市で2000年前頃より、ポルトアレグレ市のプログラムをヒントにした「参加予算」（Participatory Budgeting：PB）が始められてきた。導入の契機としては、地域的な自治活動の中で生活水準の改善を求めた地域コミュニティが行政に働きかけて共同して進めてきた例が多い。ここでは市の予算（一般会計）編成プロセスに参加するのではなく、予算決定後に地域や外郭団体へ交付される一般補助金（資本予算）の使途に関する参加である[19]。

　オンタリオ州ゲルフ市（City of Guelph：人口12万人）では、1999年から地域の青少年育成事業や公共施設の整備などに市から交付される補助金について「ゲルフ近隣サポート連合」（Guelph Neighbourhood Support Coalition）が決めてきた。同連合は、1990年頃から活発となった各地の自治会が1997年に市の承認をえて連合を

19　カナダの事例については、Biocchi and Lerner（2007）などを参照。

組織して誕生したのであるが、1999年から同連合に市から交付されるコミュニティ交付金（5万カナダドル）の使途について、ポルトアレグレ市のプログラムを参考にして決めることになった。PBのプロセスは、100を超える事業の選択について、地区の自治会討論に始まって代表の選出と代表の会議、行政との交渉と自治会へのフィードバックを経て決定する。ここではすでに配分された予算であるので議会の関わりはなく、連合を中心とした運営である。交付金はその後1百万カナダドルに膨れている。

ゲルフ市と同じオンタリオ州にあるトロント市（City of Toronto：人口120万人）の事例は、市が管理するカナダで最大の公営住宅であるトロントコミュニティ住宅公社（Toronto Community Housing：約6万戸）が市から受け取る補助金（資本予算）の一部の使途について、居住者がアイデアを出し合って決めるものである。2001年から始められたこのPBは、住民が集まって事業の優先順位について話し合うことから始まり、代表を選んで公社との議論、住民との再討議など3年間の期間で行われた。当初の補助金は9百万カナダドル（資本予算の13％）であったが、市財政の悪化から2013年は5百万カナダドルについて公園の整備や防犯カメラの増設、体育館の改築などに使われている[20]。

（トロント市コミュニティ住宅参加予算のロゴ）

20　トロント市のPBについては次を参照。
　　http://www.torontohousing.ca/pb

7−2−4　ドイツで広まる「市民予算」

　ドイツの市民参加予算は、市民参加の1つの手法として実施されている。第Ⅰ編で紹介した「計画細胞」もその1つであり、そのなかで「市民予算」（Burugh-Haushalt：BH）は政治が「トップダウン」で導入を決めて急速に普及してきた取組みである。2012年時点でBHは検討中を含めて約100団体に上っていた。ここでは多くの市民に関心を持ってもらうためにインターネットの参加も認め、BHをとおして市民が予算との対話を進めることで政府のアカウンタビリティと透明性を高めることを目的にしている[21]。

①ベルリン州リヒテンブルグ区の事例

　ベルリン州特別区の1つであるリヒテンブルク区（人口25万人）のBHは、2005年に区長の主導で政府の透明性を高め市民の理解をえることを主眼にスタートした。2005年に始めたBHは、2年先の2007年度の区の予算編成に関わるものであった。BHが対象とする予算は、義務的経費以外の事業であり、2013年度のケースでは予算総額6億4千ユーロのうち15％の9,600万ユーロが対象であったが、そのうちの3,500万ユーロが市民予算として文化・青少年施設、図書館、高齢者向けプログラム等12分野の使途について選択できた。市民の参加プロセスは、地区の自治会に加えてインターネットによる参加も可能とされた。テーマ別に提案・議論、評価そして決定の3段階で2年間にわたって行われた。参加人数（インターネット投票含め）は、2007年は4,048人であったが2013年には10,488人（人口の約4％）にまで増えている。

21　ドイツの市民参加については片木淳（2012）、市民参加予算の事例については宇野二朗（2013）に詳しい。

ここのBIIの特徴は、ポルトアレグレ市のように市民が事業メニューの優先順位を決めて提案するのではなく、行政と市民が提案した事業について対話しながら評価し改善するプロセスである。したがって双方に理解が進みメリットが生まれるが、2年という長期のプロセスをどう持続させていくかなどの課題も指摘されている。

図表Ⅱ－11　ベルリン州リヒテンブルグ区の2011年市民予算プロセス

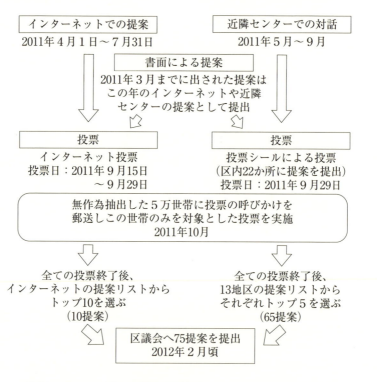

資料：おおさか市町村職員研修センター（2012）73ページ。

②ケルン市の事例

　ドイツの大都市ケルン（Cologne：人口約100万人）でBHの導入を決めたのは、市議会である。市議会では、2006年から市民に予算を理解してもらい政治・行政との

対話を深めて分かりやすく情報を提供するためにBHをインターネットの利用も可能にして始めた。ここでの2年ごとのBHは、市側からホームページや広報誌等により情報提供を行った後に、市民から予算の使途について提案してもらうもので、自治会やその代表による市民参加の手続きはない。インターネットの利用は多くの市民から提案してもらうためであり、最終的には議会が予算を決定するが、その決定については市民に説明が行われる。提案できる予算の領域は年度によって異なるが、学校教育や環境保護、経済開発、文化などであり、その規模は予算総額の10％程度である。参加資格は限定されてなく、インターネットからの参加は誰でも可能である。参加人数は2007年11,744人であったがその後減少し、2012年には7,100人となっていた。市民からの提案のうち上位400件程度が議会に提出されて7割程度が採択された。

　ケルン市の事例は、予算の民主性に関わるものではなく、政府の予算を市民に理解してもらうための手段として活用された。それゆえ参加手続きを容易にするためインターネットでの自由参加を導入したものである。しかし事務費用が財政難のもとでどこの地方政府も大きな負担となり、ケルン市の場合は優先順位の低いものを減らすなどの工夫が行われた。

③ゾーリンゲン市の事例

　ゾーリンゲン市（人口約16万人）の議会は、世界的金融危機の影響で州政府から求められた市予算のおよそ10％の削減に対し、その削減内容を市民に決めてもらうための手続きとしてHBを利用した。州政府から市に求められた4,500万ユーロ削減について、市が提示した削減

および増収メニューについて投票してもらうものである。予算の最終決定は議会が行うことは変わりないが、その過程で所要の削減額について市がホームページに載せた歳出減および歳入増の事業について、参加登録した人がインターネット等をとおして投票を行うものである。参加人数は2010年のケースで人口の2％程度でドイツの事例では多い。ただ参加者の属性は他の事例を含めて詳細は不明であり、偏った参加者による結果となっているかどうかの問題は否定できない。

　ゾーリンゲン市の事例は、前述のデンバー市と同様に市民参加予算が歳出削減という市民にとっては参加誘因が働かないように思われる目的で実施されたのであるが、実際には参加者が他の事例より多かったのは、行政サービスの低下と負担増の決定にも市民は高い関心をもっていることを示していたことが窺える。

7－2－5　韓国政府が全地方政府に義務付けた住民参与予算制

　韓国では1961年の軍事クーデターから地方自治が中断されていたが、1991年に地方議会選挙が30年ぶりに行われ、1995年には首長の直接選挙が実施されたことで地方自治が復活した。その後、1996年に「行政手続に関する共通的な事項を規定して国民の行政参加を図ることにより行政の公正性・透明性及び信頼性を確保して国民の権益を保護することを目的とする」と規定した行政節次法が制定され、国による公開と参加が始まった。また地方分権改革も進められ、地方自治権の確立とともに、住民の監査請求や情報公開が整備されて、市民参加の土壌がわが国とほぼ同時期に築かれてきた[22]。しかし市民参加予算に関しては、わが国に先んじてポルトアレグレ市の

取組みを参考にした導入が進められてきた。

①韓国の先進事例

　韓国の市民参加予算は、政府（行政自治部）が2003年7月に地方政府の予算編成に住民や専門家などの参加を拡大するために地方予算編成指針を示したことから始められた。これを受けて光州市（大徳区：人口147万人）は全国で初めて住民参与予算基本条例を制定した[23]。大徳区の制度は、ポルトアレグレ市を参考にしたものである。同区は以前より住民の参加意識が総じて高く、実際に住民の意思が予算に反映されている事例として紹介されている。続く2004年には、広域市で初めて大田市（人口150万人）が導入している。大田市は2006年に条例を制定し、推薦による委員で構成される予算参与市民委員会が予算編成プロセスの段階で関与してきた。また新たな地方分権モデルとして、国際自由都市を目指してきた済州特別自治道は、2006年に制定した住民参与予算条例で「道知事は予算編成過程で住民が公募方式などで、参加できるようにしなければならない」と規定し、住民自治センターを設置して予算編成へ住民を参加させてきた。また条例には予算編成のための委員会の設置のほか、委員会の構成・運営に関する規定、住民を対象とした予算研修の実施、住民参与予算研究会の設置などを定めた。その他の道レベルでは、忠清南道が2010年から「参加と疎通」をテーマに知事が住民参加を積極的に展開し、住民の意見を直接聴取し政策に反映させるとともに、2011年に住民参与予算を条例化して導入に向けて動いていた。住民参加は通常は基礎自治体が一般的であるが、広

22　韓国の地方自治制度については申龍徹（2007）に詳しい。
23　韓国の事例についてはHwang（2008）などを参照のこと。

域自治体の道もこうした住民との直接対話を通して住民参加を展開してきた。また住民参与予算ではないが、首都のソウル特別市も住民との直接対話で住民の要望をダイレクトに汲み上げている。ソウル特別市の市民疎通の担当部局は、政策ごとのテーマについて市民のアイデアや要求を市のホームページを通して募集し、先着順で受け付けた内容について即決で実施してきた。参与予算という手続きは踏まないが、結果的には同じような効果を生んできたといえる[24]。

　全国で住民参与予算制の導入状況は、2010年6月末で住民参与予算条例を定めている地方政府は102であった。韓国の地方政府は広域と基礎を合わせて244であるから、3分の1ほどが住民参与予算制をこの時点で導入していた。これは国際的にみて導入が非常に進んだ国である。これほど普及した住民参与予算であったが課題も指摘されていた。その1つは、住民への情報提供が不十分なことである。韓国は世帯でインターネットの普及が世界有数であるが、行政情報はウエッブ上での内容が乏しく、政府の説明責任は十分ではなかった。それゆえ住民参加予算といっても理解されていなかった。また2つは、参加できる住民がはじめから限定されていたことである。予算編成に加わることができる住民代表は、多くのケースで政府や議会が推薦する学識経験者や元議員などに限られていた。したがって、一般住民が参加するプロセスがはじめから設けられていなかった[25]。なおこの点に関して大田市では、市長が2008年からは委員の3割を公募

24　2011年5月31日、ソウル市へのインタビューより。
25　2011年5月30日、韓国・忠清南道大田市へのインタビューより。詳細は兼村高文・洪満杓「住民参加予算と住民参加のガバナンス―韓日地方政府における住民参加予算制度の今後の展開―」国際コレア学会2011年度報告論文参照。

枠として設けるなど改善も行われた。

②2012年度から全地方政府に義務付けられた「住民参与予算制」

　以上のような先進自治体の試行的な取組みを経て、2011年6月に大統領令で「住民参与予算制」の導入が全地方政府（広域も含めて）に義務付けられた[26]。これを受けて所管省庁の行政自治部は、「住民参加予算制」の要綱を作成し条例制定の説明や導入の手続きを公表した。条例案としては、3つのモデルから1つを選択して導入するよう求めた[27]。そして同年9月には、地方財政法に次のような規定がおかれた。すなわち、第39条（地方予算編成過程においての住民参加）「①地方自治体の長は大統領が定めにより地方予算編成過程における住民が参加する手順を準備し、これを施行しなければならない。②地方自治体の長は、第1項により予算編成過程に参加する住民の意見を収集し、この意見書を地方議員に提出する予算案に添付することができる」。また同法施行令第46条で、住民が参加できる方法として、1．主要事業に関する公聴会又は懇談会、2．主要事業に関する書面又はインターネットでの設問調査、3．事業公募、4．この他に、住民の意見収集に適合すると認定したことに関し条例で定める方法、としている。これらの規定により、全ての地方政府は条例で「住民参与予算制」を定めて、2012年から準備し2013年度予算編成から導入しなければならなくなった（韓国の会計年度は1月開始）。当初、議会で条例の制定について反発があったが、義務付けら

26　「住民参与予算制」については、兼村・洪（2012）を参照。
27　各団体で条例を制定する際の条例案が示されているが、住民については専門家に限定したものから公募まで3つの案が示されている。

れた制度であるため2012年に入って全地方政府で条例が制定された。

③広域自治体（忠清南道）の住民参与予算制の事例
　県レベルの広域自治体である忠清南道（人口約190万人）も2011年に条例を制定して住民参与予算制を導入した。一般的なプロセスとしては、公募等で募った参加者は予算学校で制度の主旨や手続きについて講習を受け、その後に行政で設定された委員会ごとの討論会に参加して予算内容の議論を行う。行政は部局別に行われる予算編成に住民との討議で出された意見を反映させる。2014年に行われた忠清南道の１つの委員会である建設交通局の例では、国による市民参加予算の義務付けは世界でもまれなケースである。しかし実効性ある市民参加には、住民レベルの参加意識と議会・首長の政治レベルの対話意識がなければならない。これまでの「住民予算参与制」の実施状況を散見すると、課題として、１つは依然として参加者は行政から指定された特定の"住民"であり、一般の住民は排除される事例が多い。２つは予算編成においてどの程度の規模と内容について住民が関わるのか、さらに首長と議会との関係も不透明な所が多い。国の「トップダウン」で始まった市民参加予算であるが、実効性ある制度としてどう活用するかが問われている。

④ソウル特別市の住民参与予算制の事例
　前述のように、ソウル特別市は市民疎通など積極的に市民参加を進めてきた自治体であるが、住民参与予算制の運用でもその導入時において、だれが住民を代表するのか、参加の時期、範囲、対象事業、議会との関係、制度運用の費用などについて議論が行われた。2015年度の

図表Ⅱ-12　韓国・住民参与予算制のプロセス

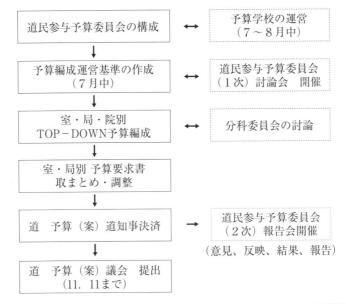

（予算学校の様子）

資料：忠清南道庁

　住民参加予算規模をみると、市予算総額約21兆ウォンのうち住民参加予算の規模は市全体共通事業が約400億ウォン、地区事業が約120億ウォンで合わせて約520億ウォンであり、市予算総額に比べるとごく小額である。市全体共通事業については、市が事業名を提示して住民がインターネットないし郵便で投票する。地区事業は25自治区別に各7.5億ウォンを限度に地区ごとに提案事業を決めて市の委員会に提出する。最終的には市の総会でまと

められて決定される。

　ソウル特別市では住民参加を実質的な制度とするために、予算編成過程に参加した住民の意見書を議会に提出することを義務付けている。また政府（行政自治部）は地方政府で実施している住民参与予算制度の運営に関して評価を行うことができる規定を設けている。韓国の市民参加予算はトップダウンの法律による強制的な導入であったので、当初は多くが形式的な市民参加であったが、より実質的な市民参加を促すため上記のような規定が設けられてきた。

７－２－６　ハンガリーの国民参加予算：パーセント法 ―NGO支援の取組み―

　これまでの各国の事例は地方政府の取組みであったが、ハンガリーの事例は中央政府の取組みとして始められた。ここでは社会主義体制後の国民（納税者）にNGO等の慈善団体への資金援助を喚起することが目的であり、市民が予算編成に直接に関わる仕組みではないが、市川市等でこのパーセント法を参考にした事例があるので紹介しよう[28]。

・パーセント法の事例

　ハンガリー政府は、1997年にいわゆるパーセント法（Law CXXVI、the Use of a Specified Portion of Percent Income Tax）を定めた。この法律は、個人が納める国税所得税の１％相当額を、納税者が指定するNPO／NGOに支援する目的で交付するものである。納税者が１％支援制度を利用するためには、以下の２つの条件を満たすことが求められる。１つは、所得税の支払

28　パーセント法については、松下啓一・茶野順子（2006）に詳しい。

いを期限までに納めていること、もう１つは、所得税の１％相当額が100HUF（100HUF＝約45円）以上であること、である。納税者は支援したいNPO／NGOを１つ選ぶことができるが、この１％支援制度の対象になるNPO／NGOは、次の条件に該当することが必要である。１つは、公益法人等の団体であり、全国レベルで文化的活動を行う団体であること、またもう１つは、地方レベルで少なくとも過去３年間に１度、地方政府から補助金を受けている映画や博物館、展示場、コミュニティセンターなどを運営している団体であること、である。すなわち、支援を受けられるNPO／NGOは、医療や福祉、教育、文化、スポーツ、高齢者・子供・障がい者等の支援など公益活動に従事していることと、活動が３年以上の実績があり政党から独立した団体であることなどが要件である。

　１％支援制度は、税申告の１つのプロセスである。そのため、１％支援制度を利用したい納税者は、支援したい団体の納税者番号及び納税者の氏名、住所、自らの納税者番号を税申告の際に、税務署に封書にて通知しなければならない。税申告が雇用主によって行われる場合は、納税者は上記の封書を雇用主に渡し、雇用主を通して税務署に届け出てもらうことになる。所得税の１％相当額の支払いは、税務署によって行われる。もしも、納税者が支援したい団体の名前を記載していなかったり、申告書に誤りがあったりした場合は、所得税の１％相当額はそのまま政府の財源になる。また、もしも支援したい団体が１％支援制度の対象に該当しない場合は、支払いは行われない。

　NPO／NGOの活動資金を支援することが目的である１％支援制度は、その目的からみれば、この制度により

政府から資金援助を受けたNPO／NGOの数は、従来の補助金を受けていた2倍以上に拡大し、支援金額の総額は補助金の3倍以上にも達している。また1％支援制度で集められた資金の4分の3以上は、これまで政府からの補助金を半分以下しか受けてこなかった教育、福祉、社会サービスの分野へ支援が行われ、さらに草の根レベルの小さな団体にも資金援助が行われるようになった。配分先に関しては、従来の補助金では4分の3以上は首都ブダペストのNPO／NGOに流れていたが、1％支援制度では集められた資金の4割程度は地方により多くの資金が配分されるようになった。

　1％支援制度について2009年に行われた国民調査によると、94％の成人が1％支援制度を認識し、また86％の回答者がNPO／NGO支援の方策として有効であるとしており、国民の間では認知されている制度ということができる。他方、いかに多くの国民を継続的に予算編成プロセスに巻き込めるかが課題である。1％支援制度を利用しているのは、成人の3分の1しか占めていない富裕層であり、人口の4割を占める高齢者や生活支援者、失業者、障がい者は必然的に1％支援制度という参加型予算編成プロセスから排除されているという問題もある[29]。

　ハンガリーの1％支援制度は、そのアイデアはスペインやイタリアが戦後に財政難で苦しむ教会活動への支援策として所得税の何％かを納税者の希望で配分した制度であるが、直接には1991年の議会でソ連時代に奪われた教会財産の返還を議論した際に生まれたとされる[30]。ハ

29　1％支援制度の現在の利用状況については、以下にハンガリー語ではあるが詳細がある。
　　http://nav.gov.hu/nav/szja1_1/tajekoztatok/ogy_tajekoztato_2012.html
30　ミシェフスカ（2005）参照。

ンガリーでは1％に加えて、さらに＋1％分を宗教団体等に支援する制度へと広げた。ハンガリーの支援制度は、2001年にスロバキア、2002年にリトアニア、2003年にポーランドとルーマニアへと広がった。これらも基本的にはNPO／NGO等への支援であり、旧社会主義国が資本主義化・民主化へと移行する過程で、政府に代わる第3セクターの育成と支援の方策として国レベルの国民参加的な予算配分の方法として導入されたものであった。

7－2－7　その他の国の事例[31]

①ラテンアメリカ

　市民参加予算がポルトアレグレ市からブラジルへ、そしてブラジルからラテンアメリカに広まり始めたのは、ポルトアレグレ市の導入から10年近くが経過した1990年代後半からである。ラテンアメリカ諸国では、サザンコーン地域（ブラジル、パラグアイ、ウルグアイ、アルゼンチン、チリ）ではウルグアイの首都モンテビデオ（人口約130万人）とアルゼンチンの大都市ロザリオ（同120万人）で左派系政府のもとで市民参加予算が始められ他市に拡大した。ブラジルを除くサザンコーン地域の地方政府約16,000団体のうち400から900で市民参加予算が2010年で導入されているとの推計がある。個別には、ペルーでは地方分権の推進とともに参加予算の導入を韓国と同様に国の法律で地方政府に2003年に義務付けたが、実際には小さな地方政府では経験もなく市民参加予算は実態のないものであった。またベネズエラでは、独裁的なチャベス政権下（1999－2013）で2006年にそれまでの

31　詳細については、Sintomer, Y., Herzberg, C. and Allegretti, G.（2013）およびSintomer、Traub-merz and Zhang eds（2013）を参照。

地区共同参加評議会（communal council）を法制化し、そこに国の予算を配分して主に貧困撲滅に取り組むユニークな市民参加を始めた。新たな社会主義を掲げた政権は、地区ごとに開発計画を策定し予算付けをするもので予算規模は他国の事例の中では最も多く当時は国民から支持されていた。

②ヨーロッパ諸国

ヨーロッパで市民参加予算が始まったのは前述のイタリア・グロタマーレからであるが、その後、スペイン、フランス、ポルトガルなど南欧で急速に広がり、さらに東欧のポーランドやハンガリーなどでも導入されている。しかしここでは、市民参加予算が南米で注目されていた自治会等をとおして社会的弱者の要望を予算に反映させるという機能が見られなくなった面もある。いくつかの事例を紹介しよう[32]。

スペインはイタリアとともに欧州で比較的早くから取組みが始められた国であり大都市にも広まった。2003年にマドリード州のヘタフェ市（Getafe：人口約16万人）から始まり、2010年時点で約50の事例がみられた。ヘタフェ市の手続きは、自治会毎の議論を経て郵便やインターネットで希望する事業に投票し、市が集計し市民を含めて議論する場を設けて決めるというポルトアレグレ市のタイプに近いものであった。また大都市のセビリア（Seville：人口約70万人）でも2004年から始められた。ここでの導入のきっかけは、イタリアも含めて反新自由主義を旗頭にして生まれた世界社会フォーラム（World Social Forums）などに参加して影響を受けた左派系首

---

[32] 欧州の事例については、Sintomer、Traub-merz and Zhang eds（2013）に詳しい。

長などの政治主導により始められたことでは南米に共通する点もあるが、参加するのは一般市民が多く疎外された市民を取り込むような工夫はみられない。

　またフランスでは2004年に広域自治体のポワトゥー＝シャラント地域圏（Poitou-Charentes：人口約160万人）で左派系リーダーの誕生により、参加民主主義の実践として高校参加予算（High School Participatory Budgeting）が始められた。高校への補助金のうち少額（10～15万ユーロ）ではあるが投資的支出が父母を含め高校関係者により決められた。そのほか直近ではパリ市が2015年から市民参加予算の導入を決めている。英紙ガーディアン（2014年10月17日）によると、市長のアンヌ・イダルゴ（Anne Hidalgo）氏は就任してからすぐに2020年度までの投資予算のうち5％を市民の投票で決めることを宣言した。すでに2014年度については2千万ユーロの予算で15のプロジェクトが市から示され、4万人余りの市民がインターネットを含めて投票し、環境事業など9のプロジェクトが決定している。

　ソ連邦崩壊後の東欧でも新たな市民社会の形成とともに市民参加予算は広まった。世界銀行や国連などの国際機関は地方のグッド・ガバナンスのために予算の透明性を高める目的で市民参加予算を推奨した。ポーランドでは、2003年から国連開発計画（UNDP）のプログラムで官民共同の市民参加が中都市のプウォック（Płock：人口約13万人）などで始められた。さらに2009年には政府と市民団体との協議によってSolecki Fundと呼ばれる市民が優先順位等を決められる財源を地方に設置する法律が制定されて、2011年には地方政府の半数に及ぶ1,100団体で市民参加プログラムが実施された。欧州では最も市民参加予算の数の多い国となった。

③アジア諸国

　アフリカと同様にアジアの新興国で市民参加予算が導入された要因は、国際支援機関が融資条件の１つとしたことなども影響しているが、アジアでも国の民主化と地方分権化が進展するにつれて市民参加予算の導入も始まった。

　フィリピンのケースでは、地方自治法が1991年に制定されてから地方分権が進みNGOなども受け皿となって市民参加が活発となった。その中でも首都マニラに近い比較的財政が豊かなナガ市（Naga city：人口約17万人）では、2006年から土地開発計画と予算の策定にNGOが関わって市民参加が進められてきた[33]。ナガ市は以前から内外で市民参加都市として高い評価を受けてきたのであるが、ここのNGOは政府と結びつきが強い組織で市民参加といっても社会的弱者は含まれていない（筆者が2011年に訪問調査したときの印象であるが）。また中国でも市民参加予算の事例は1990年代後半頃から紹介されているが、実態は政府の管理による市民参加である。そうした中でインドのケーララ州は国の地方分権化とともに1996年から進められてきたPeople's Plan Campaignによる住民参加が注目を集めてきた[34]。地域の開発計画の決定に多くの住民参加をジェンダーやマイノリティの問題を含めて参加を促してきたところが高く評価されてきた。

33　Naga cityの状況については市のHPに掲載されている。http://naga.gov.ph

34　松田真由美（2004）「地方自治における住民参加の在り方─インドケーララ州における住民による開発計画づくりの事例」TORCレポートNo.23を参照。

8 日本の市民参加(型)予算
―市民参加による意思決定の事例―

わが国ではこれまでのところ、"市民参加予算"という用語はそれほど馴染みがないように思われる。市民が予算編成に直接参加する市民参加予算の事例は残念ながらまだ例をみていない。しかし市民参加予算を広義に解釈して、市民が予算の決定後も含めてその使途に関わる取組みとして検索すれば、いくつかの事例がヒットする。日本の事例をみよう。

8－1 日本の市民参加の現状

わが国ではこれまで、市民が予算の編成から審議までのプロセスに直接参加して予算そのものの決定に関わるような取組み事例は報告されていない。したがって、ポルトアレグレ市のような実質的な市民参加予算の制度は存在しない。しかし、市民参加予算を広く編成・審議・議決・執行・決算までの予算プロセスを含めてみれば、いくつかあげられる。

松田真由美(2006)によれば、市民参加予算は3つのタイプに分けられるとしている。1つ目のタイプは、予算編成過程の公開である。これは市民参加ではないが、予算編成過程をインターネットで公開することで、政府の説明責任と透明性が向上し、市民の予算に対する関心も高まることが期待できるというものである。このタイプには鳥取県や京丹後市(京都府)に例があげられた。2つ目のタイプは、特異な例であるが市民が作る予算である。行政が編成する予算とは別に、市民の代表(公募)によって市民予算を作成するもので、志木市(埼玉県)が2005年度と2006年度に実施した。3つ目のタイプは、

予算の一部の使途を市民が決めるものである。藤沢市（神奈川県）や名張市（愛知県）は地区へ割り当てられる交付金を地域住民が決めるものである。また市川市（千葉県）や一宮市（愛知県）は、市税の1％を地域活動団体の支援金として市民が選んで決める制度である。

　市民参加予算の動きは地味であるが着実に広がりつつある。その背景には、住民自治を前提とした自治基本条例の制定など市民参加に関連する制度が最近、その数を増やしていることがあげられる。自治基本条例の制定は現在（2014年3月）、308の自治体に上っている[35]。それだけ議会の理解とともに市民参加の意識が高まってきた証であろう。しかし、そこまで自治意識が高まっているにもかかわらず市民参加予算がわが国で導入されていないのは何故であろうか。導入が進んでいる国をみると、その主導は主に政治である。わが国では行政機関の長として直接選挙で首長を選んでいる。首長がその気になれば、すぐに導入が可能である。しかし議会の理解は進んでいない。市民参加予算は政治の"闘争の場"とされる予算審議権を侵しかねないからであろう。それゆえ導入に前向きにはならないのかもしれない。一方、市民の側の公共圏への参加意識は、団塊の世代が退職し市民社会で活動の機会が増えて年々高まりつつある。討議デモクラシーの実践として討議世論調査や市民討議会が日本でも数は少ないが開催され、市民の側から議会政治への回路が開かれつつある。市民参加予算は、討議デモクラシーの実践としては最も数が多い取組みである。遠からず日本にも導入されることは大いにありえる。

35　NPO法人公共政策研究所HPより。

8－2　日本の市民参加（型）予算の事例

8－2－1　市税の使途を納税者（市民）が決める「市民活動支援制度」―市川市と一宮市の事例等―

　日本で市民参加（型）予算として取り上げられる事例では、市川市が始めた市民活動支援制度がある。NPO等を対象とした市民活動支援制度は、その趣旨からすると、必ずしも市民参加予算の範疇には入らないが、市川市で導入した「市民が選ぶ市民活動団体支援制度」（通称、1％支援制度）は、制度設計が市民参加予算に近いものである。市川市の当時の市長（千葉市長2004年～2009年）は、ハンガリーのパーセント法を参考にして2005年度に「市川市納税者等が選択する市民活動団体への支援に関する条例」を制定した。市川市版の市民参加予算は、市民の市税に対する納税意識を高め、ボランティア活動団体を支援することを目的としている。市川市民が納める個人の市民税のうち1％について、市が認定するNPOなどの公益的活動団体に納税者自らが指定した団体に活動資金として事業費の2分の1を上限として交付するものである。同様の1％支援制度は、愛知県一宮市で2008年度、千葉県八千代市で2009年度から導入しているが、一宮市は制度を利用できる市民を納税者に限定せず、18歳以上の市民に拡げている。

　市川市の事例では、制度が始まった2005年度はこの制度を利用する納税者は6,266人（人口比2.8％）、交付団体は81団体、支援総額は約1.5千万円程度であった。その後2013年にはそれぞれ11,365人（同2.4％）、127団体、約1.5千万円と利用者数は増加した[36]。また一宮市の事例で

36　市川市の1％制度は2015年度を最後に見直された。

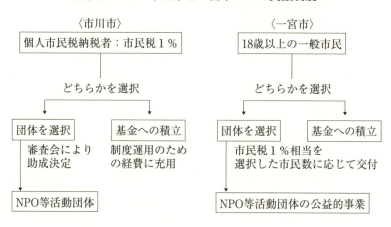

図表Ⅱ-13　市川市と一宮市の1％支援制度

は、対象者を18歳以上と拡げているため利用者は対象者の約10％となっていた。

　市川市の1％予算に関しては、批判的な意見もある。この制度を利用できるのは納税者に限定されるため、市川市民の半数以上を占める非課税者は最初から排除されることである。憲法で保障された法の下に平等ということに反するという見解である[37]。そのため、同じ1％予算を導入した一宮市では、納税者に限定せず18歳以上の住民全員に参加の機会を与えている。また支援を受ける側の問題も生じている。公金を受けるNPO等の活動団体は、公益性と中立性が求められるが、これを市側は事前にどうチェックし不適切な団体等をどう排除するかである。結果として不適格な団体が受けていたら、制度の維持が難しくなる。

　以上のような支援制度は他にもみられる。市民税を財

---

[37] 東京大学名誉教授神野直彦氏は、納税者のみに限定したこのような制度は民主主義の否定であると批判していた。北海道新聞2006年7月4日朝刊など。

源とした支援制度を始めている自治体は、岩手県奥州市「0.4（オウシュウ）％支援事業」（2008年度より市民税納税額の0.4％相当額以内を限度として市民公益活動団体を支援）、千葉県八千代市「八千代市市民活動団体支援金交付金制度」（2009年度より個人市民税額の１％を市民活動団体に支援）、大阪府和泉市「和泉市あなたが選ぶ市民活動支援事業（ちょいず）」（2010年度より18歳以上の市民が市民活動団体を選択）、兵庫県生駒市「市民が選択する市民活動団体支援制度（マイサポいこま）」（2011年度より個人市民税１％相当額を18歳以上の市民が支援先を決定）、佐賀市「市民活動応援制度（チカラット）」（2011年度より個人市民税の１％相当額を18歳以上の市民が支援先を決定）、大分市「あなたが支える市民活動応援事業」（2008年度より個人市民税の１％相当を市民が支援先を決定）などである。

またNPO等のボランティア団体や自治会などへの支援は基金制度も含めれば、札幌市「さぽーとほっと基金」（2008年度より市民・団体等の寄付を財源にNPO等の登録団体を支援）、横浜市「よこはま夢ファンド」（2005年度より市民・団体等の寄付を財源にNPO等の登録団体を支援）、静岡県菊川市「１％地域づくり活動交付金制度」（2009年よりまちづくり団体へ活動交付金を支給）、大阪市「大阪市市民活動推進基金」（2007年度よりNPO等市民活動団体への資金支援）、福岡市「あすみ夢ファンド」（2004年度より市民等からの寄付金をNPO等に助成金として支援）、大分市「あなたが支える市民活動応援事業（１％応援事業）」（2008年度より個人市民税の１％相当を市民が支援先を決定）、などがある。

8-2-2 予算編成過程の公開—鳥取県、京都府京丹後市—

2例目は市民参加ではないが、予算の透明性を高め市民に理解を求める取組みである。どこの地方自治体でも毎年度の予算（案）は公表されているが、それがどう決められたかは不透明なところもある。自治体では実施計画なり首長のマニフェストにそって予算付けが行われていると説明されるが、その過程は公表されず、いわばブラックボックスである。この点に関し、外部から編成過程の説明を求める声は多い。

そこで鳥取県では、2003年から県のホームページで予算編成過程を公表しはじめた[38]。公開内容は、予算編成において全ての事業の要求書と財政課長、総務部長、知事の査定状況である。公開されている事項は、事業の背景や目的、事業概要、経費、財源内訳など詳細が記載されている。具体的には、事業別にトータルコスト、事業費、事業内容（事業概要、要求額）、これまでの取組みと成果、工程表との関連、要求額の財源内訳、などである。財政に若干の知識があればおおよそ理解できる内容である。

また京都府京丹後市（2004年6町の合併により誕生）では、2005年度より予算編成方針、各部局からの予算要求事業内容およびその査定を市のホームページで公表を始めた。とくに市民向けに事業別の予算額と事業内容を掲載した「わかりやすいことしの予算」をカラーの冊子で作成し、全戸に配布している。また市内各地区からの要望事業について査定段階で意見交換が行われてきた[39]。

予算編成過程が公開されたことで、行政は市民に対して一層の説明責任が求められ、編成段階から市民目線が

---

[38] 詳細は松田真由美（2006）を参照。
[39] 京丹後市HPなどより。

意識される。また市民の側も予算がどのように査定され決定されるか開示されるため、議論の余地が広がり関心も向けられることになる。

　しかし、実際には予算編成過程が公開されたからといって、市民から多くの意見が寄せられ予算編成に意見が反映されたというような結果はほとんどみられない。公開すること自体は、政府の説明責任という点から大いに推奨されようが、そのことが直ちに予算問題の改善に直結はしない。むしろこれから市民がどう開示された情報を活用するか、ということに取組んでいくことになろう。

8－2－3　市民が予算案を作成した事例―埼玉県志木市―

　つぎの事例は、市民が市とは別に独自に予算案を作成した例である。予算編成作業は行政府で財政担当部局が中心となって行われて予算案が作成されるのであるが、これらの作業を公募の中から選ばれた市民の手によって行われたのが埼玉県志木市である。

　志木市では元市長（穂坂市長2001年～2005年）が主導して市民による予算案の作成が2004年度と2005年度に行われた。当時、穂坂市長の方針として示されていた「市民主体の自治の実現」を図るため、2001年に市民委員会を設置して市民の手による予算編成を2004年度から始めた。市民委員会の委員は公募で選ばれ任期は2年で無償であった。最初は応募者全員が選ばれた（2002年252名、2004年139名）。市民委員会は「第2の市役所」として市長が位置づけ、行政府と同じように担当部課からのヒアリング等を行いながら予算編成を行うものであった。2004年度の作業は、9月から11月にかけて企画、総務、生活環境、健康福祉、都市整備、教育の6部会に分かれ、

市の提示事業（2003年度事業）の内容をチェック、事業の評価、評価に基づく市役所枠提示額内事業の選択、新規事業を含め市役所枠提示額外の事業の優先順位づけを行った。

　市民委員会が作成した予算案は、市長が行政府の予算案と比較して最終的な事業選択の判断材料とするものであった。市民委員会の予算案は行政府の予算案とともに公表され、市長が決定した予算案はその理由が行政府とともに市民委員会に説明され、意見交換がなされた[40]。

　全国初の市民予算は、編成過程で要求型を事業選択型へ変えるなどして取組まれ、2004年度では8事業で意見が取り入れられ、15百万円の予算削減効果があったとされている。しかし代表権のない市民委員会に予算編成権を認めることには問題も多い。本来、予算編成権は市長が有しており、任意の委員に委ねられるものではない。海外にみられる市民参加は地区からの選出という手続きを踏んで委員が選ばれているので代表であるが、志木市のケースでは代表には当たらない。それゆえ市長の裁量の範囲内で参考として市民予算案を取り入れるのは、市長の政治判断である。ただこうした市民参加も1つの方策であるかもしれない。

8－2－4　広がる市民参加と市民協働

　1990年代から公共圏のガバナンスは、世界的に地方分権化とともに市民参加を促してきた。わが国も法制度を含めて市民参加のガバナンスが形成されてきた。実際に地方政府レベルでは市民の公共圏への参加を保障する自治基本条例や住民参加条例等の条例が制定されている。

40　志木市広報誌より。

こうしたことで、市民参加がより身近なものとなってきた。しかし本章で紹介してきた市民参加予算の取組みに関しては、その定義をポルトアレグレ・タイプとしてみるなら事例はない。もちろんポルトアレグレ・タイプはそれが意図した効果がみられるのは、インフラが未整備の新興国で顕著となることもあり、わが国でそのまま導入しても同様の成果は期待できないのは言うまでもない。むしろ欧米など先進諸国の事例でみたように、市民が直接関心を抱くような事業の選択（事業の削減も含めて）に参加する方法が一つの方向かもしれない。

　これまでわが国で取組まれてきた市民参加の事例をいくつかみると、図表Ⅱ－14のようである。いずれも特定の目的に予算配分された資金を関係団体等が運用ないし執行することで個別地域的に有効活用しようとするものである。予算配分規模は極めて少額でいずれも標準財政規模の0.0％以下であり、最も多い名張市の「ゆめづくり地域予算制度」でも0.05％でしかない。またいずれの事例も市民は予算編成段階には参加（関与）せず、あくまでも従来とおなじく代表民主制のもとで予算決定されてから配分された事業費の使途に関わるだけである。これらの例からみると、イギリスでかつて実施されていた参加予算（Participatory Budgeting）に近いかもしれない。特定のテーマに交付される予算の使途について、市民やNPOが関与するものであり、直接民主制とは関係しない。ただし配分される予算規模が大きくなれば、予算決定後の参加であっても市民参加予算として見ることもできるかもしれないが、わが国の事例を見る限り事後的な参加にとどまっている。

図表Ⅱ-14　日本の市民参加・協働の事例

自治体名	札幌市（北海道）	恵庭市（北海道）	奥州市（岩手県）	八千代市（千葉県）	市川市（千葉県）	藤沢市（神奈川県）	南魚沼市（新潟県）
人口	1,921千人	69千人	125千人	193千人	476千人	404千人	62千人
制度名称	市民まちづくり活動促進基金（さぽーとほっと基金）	市民活動支援制度えにわプーケトス	04（オウシュウ）％支援事業	市民活動団体支援金交付制度（1％支援制度）	市民が選ぶ市民活動団体支援制度（1％支援制度）	地域経営会議	地域コミュニティ活性化事業
根拠規定	札幌市市民まちづくり活動促進条例	恵庭市市民活動支援推進規則	奥州市市民が選択する市民公益活動団体への支援に関する条例	八千代市市民活動団体支援金交付要綱	市川市納税者等が選択する市民活動団体への支援に関する条例	藤沢市地域分権及び地域経営の推進に関する条例	南魚沼市地域コミュニティ活性化事業実施要綱
開始年度	2008年度	2008年度	2008年度	2009年度	2005年度	2009年度	2009年度
事業規模	20,400千円（09年度）	1,629千円（11年度）	23,500千円（11年度）	2,277千円（10年度）	15,486千円（10年度）		23,700千円（08年度）
標準財政規模	4,174億円	132億円	357億円	298億円	835億円	806億円	173億円
標準財政規模に対する事業規模の割合	0.00%	0.00%	0.01%	0.00%	0.00%	0.00%	0.01%
取組みの主旨	市民団体等によるまちづくり支援のため情報や活動拠点の提供とともに基金より財政支援を行う	中学生以上の市民が支援を希望する団体を選ぶことをとおして市民活動の理解と活性化を図る	個人市民税納税額の0.4％以内を予算化し世帯単位で支援団体を選ぶことで市民と行政との協働による豊かなまちづくりを進める	個人市民税者が納税額の1％を支援したいNPOなどの市民活動団体を選び補助金として交付することで納税意欲とボランティア活動への関心を高める	地域づくりの主体であるボランティア団体やNPOなどの活動に対して、個人市民税納税者等が支援したい団体を選び、個人市民税額の1％相当額等（団体の事業費の2分の1が上限）を支援	16の地域経営会議を設置し補助金を交付	地区に予算と権限の移譲を行い地区単位で計画に基づいて施設整備や交流事業等を実施

	菊川市 (静岡県)	一宮市 (愛知県)	名張市 (三重県)	京丹後市 (京都府)	和泉市 (大阪府)	鳥取県	東かがわ市 (香川県)	大分市 (大分県)
人口	46千人	385千人	82千人	64千人	19万人	595千人	36千人	47万人
制度名	1％地域づくり活動交付金制度	市民が選ぶ市民活動支援制度	ゆめづくり地域予算制度(当初、ゆめづくり地域交付金)	予算編成過程の透明性を図る予算開示と予算編成への住民参加	和泉市あなたが選ぶ市民活動支援事業(ちょいず)	予算編成過程の公開	地域コミュニティ活動支援制度	あなたが支える市民活動応援事業
根拠	菊川市1％地域づくり活動交付金審査要綱	一宮市民が選ぶ市民活動に対する支援に関する条例	名張市ゆめづくり地域交付金の交付に関する条例(2009年改訂)		和泉市あなたが選ぶ市民活動支援事業に関する要綱		地域コミュニティ活動支援施条例	あなたが支える市民活動応援事業補助金交付要綱
開始年	2010年度	2008年度	2003年度	2005年度	2010年度	2003年度	2006年度	2008年度
予算額	15,000千円 (10年度)	16,407千円 (10年度)	70,000千円 (11年度)		8,517千円 (11年度)		970千円 (10年度)	1,3585千円 (11年度)
総予算	106億円	640億円	154億円	201億円	314億円	2,792億円	90億円	232億円
割合	0.01％	0.00％	0.05％		0.00％		0.00％	0.00％
内容	地域づくり団体(30万円限度)およびコミュニティ協議会(50万円限度)に活動資金を支援	活気あるまちづくりを目的として18歳以上の市民が特定の金額(1人645円)の権利を持って特定の市民活動団体を支援	都市内分権と協働のまちづくりの地区に一定額の活動資金を交付	予算編成段階から査定等をHPで公開し、予算要求で地区の要望等意見交換し予算に反映	市民相互の協働によるまちづくりを推進することを目的として18歳以上の市民が選んだ市民活動事業を支援交付に反映	予算編成過程で査定が終了した段階で各部局からの要求事業内容及びその査定状況を公開	市民主体の団体が行う地域コミュニティ活動に対して補助金を交付	納税者等が市民活動団体の行う事業に対し市民活動応援事業補助金を交付

資料：総務省ほか自治体のHPなどより作成。

新たな市民参加の ガバナンスを どう築くか
―市民参加(型) 予算の制度設計―

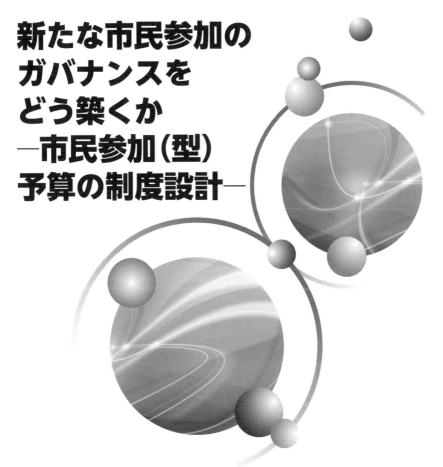

Ⅲ 新たな市民参加のガバナンスをどう築くか
―市民参加（型）予算の制度設計―

　各国で市民参加の取組みはさまざまに展開されているが、そのなかでも市民が予算編成過程に直接に参加（画）する市民参加予算は、市民参加の核心である。今日の民主社会で確立している代表（間接）民主制による意思決定は、だれも否定しないしこれに代わる方法もないが、それでも世界で直接民主制の取組みである市民参加予算が広がりつつある背景には、代表民主制に何らかの問題が生じているからであろう。新たな市民参加のガバナンスをどう築くのか。第Ⅱ編で紹介した市民参加予算を整理しながら、これからの市民参加予算の制度設計を試みたい。なおこれまで市民参加予算としてみてきた事例には、市民が直接に予算過程に参加しないものも含まれているので、ここでは市民参加（型）予算（政策等決定後の意思決定を含む）と表記して整理することにする。

9　市民参加（型）予算のデザイン

　ポルトアレグレ市から始まった市民参加予算は、各国でそれぞれの状況に応じてアジャストさせながら展開している。そこには政治の思惑や行政の特質、コミュニティの構成、市民の立ち位置などの違いで多様な展開をみせている。ここでは第Ⅱ編で紹介した事例を整理して、これからの市民参加（型）予算のデザインを考えてみたい。

9-1　ポルトアレグレ市参加予算の功績

　デザインを描く前に、市民参加予算の嚆矢となったポルトアレグレ市の参加予算（OP）のストーリーを振り返って功績を考えてみたい。

　評判が評判を呼ぶ事例は珍しくはないが、ブラジルの１地方都市であるポルトアレグレ市で始められた市民参加予算が世界に広まったケースもその１つにあげられるかもしれない。評者によっては過大に評価されてきたという見方も紹介されているが[1]、実際に第Ⅱ編でも紹介したように、いまでも世界中で試みが進められている。妥当な評価はどうであるかは別にしても、国連や世界銀行などの国際機関をはじめ南米から欧州など各国が注目し、さらに世界経済フォーラムに対抗して立ち上げられた世界社会フォーラム（World Social Forum）がポルトアレグレ市で始められるなど、市民参加予算のスタートを機に世界が注目したことは確かである。このことは、各国の政府（政治）が議会民主性では満たされない状況を抱え、何らかの代替的な民主的決定のプログラムを模索していたのかもしれない。市民参加は古代アテネの時代から民主主義の根幹であるが、たえず迷走しカタチを探してきた。

　ポルトアレグレ・ストーリーは、1988年に労働者党の候補であったドゥトラ氏がポルトアレグレ市の市長に選出されたところから始まる。その背景には、1970年代後半から反政府活動が活発となり社会主義政党である労働者党が結成されるなどして、1964年から続いた軍政が1985年に民政に移管したことがあげられる。ラテンアメリカ諸国では1970年代に入って民主化への動きが活発と

1　篠原一（2012）第７章、出岡直也稿。

「市民参加の新展開」世界で広がる市民参加予算の取組み

なったが、ブラジルでは経済が停滞するなかで腐敗政治に対する反発が強まり各地で近隣住民組織が結成され社会主義政党が台頭するなどして軍事政権を崩壊へと導いた。そして1988年に制定された民主憲法では、地方分権が謳われ基礎自治体（ムニシピオ）へ行財政権限の移譲が行われ、地方政府の自治権が憲法で保障された。こうした民主化と地方自治権の拡充があって、地方政府が編成する予算がそれなりの実効性をもつことになった。この実効性はとくに社会から疎外された貧困層の人々に恩恵をもたらした。ポルトアレグレの参加予算は、既述のように資本（投資的経費）予算についてその半分程度を市民が決めるもので、主に生活インフラ整備の遅れた貧困地区では地区住民自らの選択によって生活環境が著しく改善された結果、このことが評判を呼ぶことになった。

　参加予算のアイデアは、労働者党が掲げた選挙公約の1つであった。貧困地区を含めて近隣住民組織が市民社会に登場するようになると、社会主義政党は当然にそれらの組織を取込んで勢力の拡大を図る。政治への市民参加はここでは必然のことである。労働者党の市長として選出されたドゥトラ氏は、議会の反発にあいながらもこの参加予算をいち早く導入した。当初は市民の関心は低かったが、目に見える成果が評判となり参加者は増え続け議会も賛同するようになった。その後はブラジル全土からラテンアメリカ、さらに欧州等へと広がったのは第Ⅱ編で紹介したとおりである。ポルトアレグレの参加予算は、篠原一（2012）の討議デモクラシーの事例の1つとしても取り上げられているが、市民政治の回路としては他の事例にはみられないほど数多くの試みが世界で報告されている。討議デモクラシーの実践的普及に大きく貢献している。

ポルトアレグレ市の参加予算に関する考察は、これまで政治学や行政学の視点から参加ガバナンスや民主的意義などについて詳細な分析──例えば、篠原一（2012）、小池洋一（2011）、松下列（2006）など──がなされているが、ここでは財政学の観点からどのような意義をもつのか考えてみたい。政府の経済活動を論ずる財政学で予算は中心テーマの１つであり、政治行政に深くコミットしているので財政民主主義とともに論じられてきたが、第３章でもみたように、公共経営論（NPM）が1980年代から席巻した時期においては、効率性・効果性が議論の中心となり、予算も科学的客観的評価を基準にして論究された。ここでは参加予算は議論に入る余地はなく民主主義論は軽視された。1990年代頃から改めて公共ガバナンス論（NPG）が論じられるようになると、再び財政の民主的側面に言及し、参加予算が予算プロセスにおいて議会の補完的アクターとして登場してきた。ポルトアレグレの参加予算から広まったこの補完的アクターは、予算を市民の側に解放し政治行政との対話の場を提供して財政民主主義を深化させてきた。

　しかしこうした功績は、当時のブラジルが開発・民主化途上であったからこそ顕著に現れたという理由付けは当然に首肯できる。欧米に渡った市民参加（型）予算はその多くが内容もカタチも変え継続しないケースもある。それでも現代の市民参加の１つの契機を提供してくれたことは功績としてあげられるであろう。現在、ミャンマーが軍政から民政に移り民主化に取組んでいる。ポルトアレグレ・ストーリーが再び生まれるかもしれない。

9-2 市民参加（型）予算の事例から探る類型

市民が予算を含めた政策決定に関与させる取組みが広がるにつれて、ポルトアレグレの事例を参考にしつつも、様々なタイプの市民参加（型）予算が各国で試みられている。各国の主要な事例は第Ⅱ編で紹介したが、それらを類型化して整理してみたい。

図表Ⅲ-1は、市民参加（型）予算の導入主体と市民がどの予算プロセス（審議から議決、執行、決算まで）に参加しているのかを分類したものである。導入主体でみると、最も多いのは自治体の首長を含めた政治主導である。ポルトアレグレも市長のイニシアティブで導入されている。日本では市川市や志木市などがその例であった。しかしこのケースは首長が交代すると制度自体が消滅することも多い。つぎが国の政策で導入するケースである。ハンガリーを除いては国といっても中央政府に導入するのではなく、国が法令等で地方の予算に導入を義務付け（韓国、ペルー）たり、勧める（英国）ものである。市民参加の義務化は地方政府の自治意識が強い国で

図表Ⅲ-1　市民参加予算の導入主体と参加範囲の分類

参加範囲 導入主体	予算過程		予算決定後	
	全予算	資本予算のみ	歳入	歳出
国(政策)主導	韓国住民参与予算 ペルー参加予算	―	ハンガリー 1％法(国税)	英国市民参加予算 （～2010）
政治(首長)主導	ベルリン市 グロタマーレ ケルン市	ポルトアレグレ市 レシフェ市等 ブラジル	シカゴ市 49区等 市川市等1 ％支援制度 藤沢市活動 支援制度	ゲルフ市 デンバー市 パリ市 ゾーリンゲン市
慈善団体等	―	―	―	英国PBユニット (NGO)
市民	―	―	―	―

はなじまないであろう。導入主体の事例としては1つしかあげていないが慈善団体主導のケースがある。英国のNGOが働きかけて始められた。英国のPBユニットは教会系のNGOが国と連携しながら導入した事例である。そして導入主体として市民のケースがあってもよいはずである。事例はないがいずれここに数えられるケースも出てくるかもしれない。

　つぎに、市民参加の範囲については、本来の市民参加予算である予算過程に加えて予算決定後についても範囲に含めて分類している。予算過程では、全予算を対象にするケースと資本予算のみのケースに分けられる。ポルトアレグレを含めブラジルでは資本予算のみであるが、その他のケースは全予算を対象としている。ただ全予算といっても後述するようにほとんどのケースで関与できる予算は全体の1％にも満たない額である。つぎに予算決定後では、歳入予算と歳出予算に分類できる。歳入に関与するケースは市川市など1％支援制度などが該当し、歳出では一部の北米や欧州がここに分類される。

　図表Ⅲ－2は、市民参加（型）予算への参加人数と関与する予算の予算総額に対する割合で分類したものである。縦軸は人口に占める市民参加人数の割合であり、横軸は予算総額に占める関与した予算の割合である。右上に位置するポルトアレグレ市とレシフェ市は関与する予算規模が多く、また参加人数も他のケースをはるかに上回って多い。横軸の関与予算規模で多いのは、リヒテンブルグ区、ハンガリー、ケルン市が2桁である。その他多くのケースは1％にも満たない規模である。参加人数では一宮市が10％と2桁と多く、コベントリー市と市川市も原点から上に位置している。その他のケースは予算規模と同じく1％に満たない参加割合である。もっとも

図表Ⅲ－2　市民参加予算の参加人数と対象予算の割合（人口比、予算比）

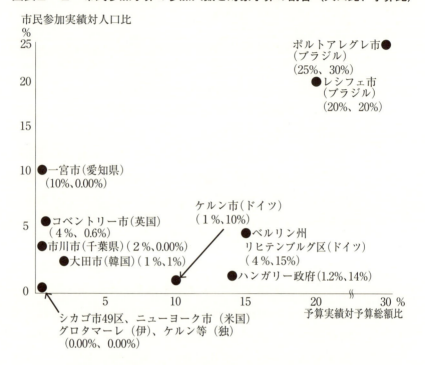

　市民参加予算の規模が大きな割合を占めるようになれば、予算審議権をもつ議会との関係で問題も生じようし、財政民主主義の根幹を揺るがすことにもなりかねない。

9－3　市民参加（型）予算の原則・試論

　ポルトアレグレの参加予算が1989年から始まり市民参加予算はブラジルから世界に広まった。プロトタイプは図表Ⅲ－2でみたように、参加人数と関与予算規模は他のケースではみられないほどのシェアを占めているが、シェアが多いことが市民参加予算の有効性を決めるものでもない。それがその地域で財政民主主義をどう深化させているかが重要である。しかし市民参加予算を実施するにあたっては、目安となるような原則なりを示してお

く必要はあろう。これまでの事例等から考えられる市民参加予算の原則を以下にまとめてみた。

　第1は、参加と責任の原則：公共に参加する市民は政治家と異なり発言に責任は問われない。そのためノイジー・マイノリティになりがちである。市民参加予算が実効性をもてば参加する市民も公共の資源配分に関与する責任を負う必要性はある。公共圏の協働のガバナンスは政府ばかりが責任を問われるのではなく、参加する市民もそのことを知覚（パーセプティビリティ）し参加の責任を負う。市民参加が政府に対する不満、要求、責任追及のツールとなってはならない。

　第2は、公開の原則：公開は透明性ということもできるが、市民参加は政府とともに参加の仕組みと決定過程はわかりやすく、だれにでも開示しなければならない。予算はとくに編成過程からきわめて技術的で複雑であるので、市民には理解可能性を高めることが求められる。この点に関しては韓国の住民参与予算で設けられている予算学校は検討に値する。

　第3は、社会的公正の原則：制度はつねに社会的公正に照らして評価を受けなければならない。民主主義に関わる制度は社会的公正が確保されてなければ社会にとって災禍をもたらしかねない。とくに公募の市民が参加するケースでは特定の市民に偏ってしまうことも多い。予算は公共の資源配分を決定する手続きであるので、この原則は強く求められる必要がある。

　第4は、政府と市民の説明責任の原則：政府の説明責任（アカウンタビリティ）は改めて原則としてあげる必要はないが、第1の参加と責任の原則で述べたように、市民も予算プロセスに参加して決定に関わる限り説明責任を負う必要はあろう。

以上の市民参加予算の原則は、制度の設計・維持するうえでのチェック・リストのようなものである。このうちとくに第1の参加と責任の原則は、参加する市民は予算に関与することの意義と責任について自覚することを求めるもので基本的な原則である。この原則で政治責任とのバランスを確保し、また代表制民主主義との親和性を高める。

　また市民参加予算はその実践において、導入されても短期間で終えてしまうケースが少なくない。そこで持続的な制度として維持させるためのポイントをあげておきたい。

　第1は、参加する市民がつねに中心であること。手続きの過程で行政や政治が介入して影響力をもつと、市民は押し退けられてしまう。市民参加予算は自発的な参加が原則であるので政府が市民から懐疑的にみられると制度は続かない。市民が主体である制度として運用されることが必要である。

　第2は、代表制の補完的制度であっても自律性が確保されていること。市民参加予算は代表制のもとで審議される予算とは補完的関係にあるのであって競合するものではなく補完関係にある。しかし自律性は保たれていなければならない。

　第3は、継続的に制度の改善を図ること。どのような制度でも継続的に改善が行われなければやがて機能しなくなる。市民参加予算もルーチン化すると儀式の繰り返しに終わってしまう恐れがある。制度の見直しを継続的に実施することで機能アップを図る必要がある。

10　市民参加のアカウンタビリティ

　市民の政治が活発となり討議デモクラシーが拡充するにつれて、そこでの影響をだれがどのように責任をとるのかが問われることになる。前述の市民参加予算の原則でも述べたように、市民参加で言いっぱなしで結果責任をとらないのも問題である。政治家は4年なりの期間はあるが選挙で責任をとることになる。市民参加の責任＝アカウンタビリティについて考えてみよう。

10－1　"市場の失敗"、"政府の失敗"、"民主主義の赤字"にどう対応するのか──効率性と民主性の追求──

　失敗はどこでも起こりえる。公共圏でもさまざまな失敗が生じる。問題は失敗から学ぶ姿勢である。公共圏で生じる失敗とその対応について、効率性と民主性の観点から論じてみたい。

　失敗学という研究分野がある[2]。実際に失敗学会というNPO法人の組織がある。失敗学会では、過去の事故や不祥事などの事例に学び予防することを研究対象としているようであるが、失敗は公共圏においても当然に起こり得る。失敗を的確に認識して是正することで、より適切な方策なり解を見つけることができる。失敗を放置しておくと、やがてそれが周りを蝕むことにもなる。

　経済学の用語に"市場の失敗"（market failure）がある。市場が効率的であるためには、参加者の自由な競争が確保されていなければならないが、それが何らかの要因で妨げられると、市場は非効率となる。このことを"市場の失敗"という。市場の失敗は、独占・寡占企業の台頭

2　名付け親である畑村洋太郎氏の著書『失敗学のすすめ』（講談社、2005年）がある。

や情報の非対称性（生産者のみ有利な情報を保有）、外部性（市場を介さない取引）などが要因にあげられるが、その1つに公共財の存在がある。公共財は市場に必要不可欠な財サービスでありながら、市場で価格が成立しないため民間財のように市場で当然には供給されない。公共財は典型的には、外交、国防、司法、警察、消防、道路などの純公共財（pure-public goods）があげられるが、ここでの失敗は政府が解決することになる。政府は純公共財を国民から徴収する租税を財源に供給する。市場は政府から供給される純公共財により、法治国家のもとで自由な経済活動ができ、市場の失敗から解放される。

公共財には純公共財のほかに、民間でも供給される交通や教育、医療などの準公共財（quasi-public goods）あるいは価値財（merit goods）に区分される財サービスがある。これらの供給は、第3章で紹介した公共経営論により多くが民間に移されてきた。また同時に進められた行財政改革で政府の効率化・有効化が強く求められ、準公共財は効率性を基準に民間へと"仕分け"られた。しかし同時に、新自由主義の下で進められてきた政府の効率化への改革は、1990年代後半より政府を含む公共圏の決定は民主性を重視する新公共ガバナンス論（NPG）ないし新公共サービス論（NPS）が登場し見直されるようになった。ガバナンス論の登場は、1980年代からの市場原理主義に基づく公共圏の改革に対する揺り戻しとも捉えられてきた。

市場の失敗を是正してきた政府ではあるが、実は政府も失敗を犯してきた。"政府の失敗"（government failure）とは、市場の失敗を是正する立場にある政治家や官僚の政策決定が、市場の効率性や厚生（便益）を損なう結果を招いている状況をいう。マクロ経済の安定成

長は、20世紀半ばに偉大な経済学者ケインズが合理的賢者(エリート官僚)の政策決定によって確保される(ハーベイロードの前提)、と論じてきたのは周知のことであるが、また同じくシュンペーターも民主主義の観点から賢明な政治家によるエリート民主主義論を展開した[3]。しかしその後に政治過程で決定される政策は、公共選択論の提唱者であるブキャナンが政策はつねに赤字財政へのバイアスをもつと主張した[4]。政権を維持するためには有権者の支持が得られない増税などの政策は選択されず、景気変動をとおして財政は赤字の傾向をもつというものである。さらにエリート官僚も自らの地位と部局の予算最大化を目指した行動をとると政治学者のニスカネンが論証し[5]、現実には賢者による政策決定であってもそれが公益とイコールではないことが説得的に論じられてきた。

政府の失敗が結果的に生じても、民主的手続きにより決定された結果であればそれを否定することはできない。公共圏の意思決定はどうであっても、民主制のもとで決定されることが大前提だからである。しかし、民主制のもとで決定されても民意が反映されない状況が明らかであるならどうであろうか。欧州連合(EU)という超国家組織のケースであるが、加盟国は立法権の一部が自国の議会からEUの委員会や閣僚理事会に委譲されて制限された結果、加盟国の民主的統制の欠陥が指摘され

---

3 シュンペーター、J. A. (1955)『資本主義・社会主義・民主主義』(中山伊知郎・東畑精一訳)東洋経済新報社。原著はSchumpeter, J. A. (1950)、*Capitalism, Socialism and Democracy*, New York: Harper & Row.

4 ブキャナン、J. M・ワグナー、R. E. (深沢実・菊池威訳)『赤字財政の政治経済学』文真堂、1979年。

5 Niskanen, W. R. (1971)、*Bureaucracy and Representative Government*, Chicago.

ている。こうした現象を"民主主義の赤字"(democratic deficit) と呼んでいる。英国では2010年の総選挙の際に、EU圏からの移民を制限するためにEU離脱を公約とした英国独立党（UKIP）の支持率が高まった。さらに2015年央から中東や北アフリカからの移民（難民）をEUでどう分担して受け入れるのか、ブリュッセルで決められるEUの決定に加盟各国の反発も見られ、まさに民主主義の赤字に直面している。これはEUに限らず、2014年香港で行政長官の選挙に際して候補者を行政が指名したこともある意味で民主主義の赤字である。

　政府の民主制は、有権者によって選ばれた代表が多数決ルールで政策を決定することで維持されている。しかしこの民主制がエリート民主主義の状態であるなら真の民意は反映されていないかもしれない。また真の民意が代表制のもとで政策に反映されるためには、投票率の高さだけでは判断できない。無党派層を駆り立てて投票率をあげても、多くが"非態度"の有権者であったなら、投票結果は真の民意とは必ずしも一致しないかもしれない。討議民主主義の広まりはこうしたことが背景にあろう。

　しかしここでまた第1編でも指摘したように、市民の討議が適切になされない"討議の失敗"（deliberative failure）は避けなければならない。市民の自由な討議は、市民が等しく参加の機会を得て偏向のない必要十分な情報をもとに、適切なルールに基づいた討議の場が確保されていなければならない。なお、インターネットの普及で市民が容易に自由闊達な討議の場が提供されても、匿名性がゆえに無責任な討議がみられるのも確かである。誹謗中傷の類の討議に偏ってしまえば、本来の討議の目的からは逸脱してしまう。eデモクラシーはICTの普及

で討議デモクラシーの中心となろうが、討議の失敗を回避する工夫が不可欠となる。

10－2　事業仕分けと市民参加予算のアカウンタビリティ

　地方自治権の拡大と市民の自治意識の向上により、公共圏に参加する市民がさまざまな機会で増えてきた。こうした動きから、"新しい公共"という言葉が使われるようになり、内閣府で「新しい公共」(New Public Commons) に関する会議が設置されたこともあった。市民参加はすなわち公共圏でのガバナンスに関わる。市民参加のガバナンスとして登場した"事業仕分け"を市民参加予算とともにアカウンタビリティの視点から考えてみたい。

　政府の行財政運営が公共経営の考え方を基本に行われるようになり、予算決算のプロセスは予算マネジメントとして説明されてきた。わが国の財務省も予算制度に関し予算マネジメントを用いて説明している。予算マネジメントとは、これまでの予算決算が単年度で決済していたものを図表Ⅲ－3のように、連続した予算決算のサイクルとして運用するものである。これはPDCAサイクルとも呼ばれ、企業の成果主義と同様に決算（アウトプット）に基づいて公共サービスの業績測定を行い成果（アウトカム）をもとに次年度の予算編成を行うもので、予算の効率的・効果的な編成を目指すものである。

　予算マネジメントにおいて、事業仕分けと市民参加予算がどのプロセスで行われているかをみよう。図表Ⅲ－3は、Planの予算編成段階、Doの予算執行・政策実施段階、Checkの決算評価段階、そして評価をもとに次年度のPlanへ反映させるActionの段階がそれぞれのボックスで示してある。事業仕分けはCheckの決算評価段階で

行われる。主に事務事業ごとの決算を業績測定して成果を評価するものである。その際に民間と比較考量し事業ごとに仕分け人によって、「民営化」、「廃止」、「継続」などと判定が下される。

　一方、市民参加予算は予算編成に関与するのであるからPlanの予算編成段階で行われる。ポルトアレグレ・タイプは、予算編成において資本予算に市民の意思がダイレクトに反映（市民による政策の順位付け）させている。ただし、最終的に予算を決めるのは議会であるためポルトアレグレのケースでも市民参加予算によって決められた予算は議会への拘束力はない。しかしこれまで市民参加予算で決められた予算について政府は介入していない。市民参加（型）予算について予算サイクルで示すと、市川市等の１％予算や藤沢市の支援制度はDoの執行段階である。

図表Ⅲ－３　予算サイクル（PDCA）における事業仕分けと市民参加予算

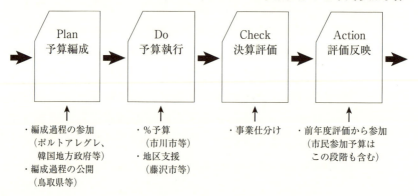

　決算を業績測定して評価する成果志向の事業仕分けは、公共経営の視点から行財政改革を進めるうえで公共サービスの効率化・有効化を基準に非効率でムダな公共サービスを取捨選択するツールとして登場した。事業仕

分けは「構想の日本」がカナダのプログラム・レビューを参考に地方自治体の事務事業評価に導入し、民主党政権では国にも取り入れられた。国の事業仕分けではテレビで公開され、政府の対応に疑義があると聴衆からヤジが飛ばされ、さながら公開処刑の様相が映し出された。事業仕分けは公共経営の視点からは行財政改革を進める1つの有効なツールであったかもしれない。効率性・有効性を基準にした事業選択では、個別の事業についてコピー代が高い、論文単位当たりのコストが高い、賃料が高い、といった事例が紹介され、一般庶民からはかけ離れたコストに批判が向けられ、国民の怒りを集めた。公共サービスが税金で賄われていることを考えれば、コストへの配慮不足を指摘されてもやむを得ない。しかし、もともと公共サービスは国民、市民が選択したものである。それをコストが高い、効率が悪いという指摘から、"廃止"という判定は合理性を欠く。なぜなら、民主的手続きで決定された公共サービスが、コストが高いことを理由に廃止されるのであれば決定自体が意味をなさなくなるからである。また公共サービスのコストは、それほど容易に測定できるものではない。公共サービスは"市場の失敗"すなわち市場性がないがゆえに政府が提供しているのであって、容易に測定できるのであれば市場で提供されているはずである。事業仕分けのアカウンタビリティは、民主性のもとに矛盾をはらんでいる。

　公共サービスの選択は、コストで仕分けをするより市民が予算編成の段階ですべきである。財政民主主義は代表制のみで担うのではなく、市民の直接制も認めることでより強固なものとなり、公共サービスに対する市民の責任も生じる。執行結果の決算評価、すなわち事業仕分けは、監査、公会計の専門家に任せるべきである。市民

が十分な知識もなく市民目線と称して判定するのは危険である。それより予算段階の仕分け、すなわち市民が予算の一部を議論し、選択なり優先順位づけをすることこそ民主的で合理的であり、同時にここに市民のアカウンタビリティも生じる。

10-3 公共圏のアカウンタビリティ：だれが、どう果たすのか―官民双方の責任ある意思決定メカニズムの構築に向けて―

「政府の説明責任」と訳されている"アカウンタビリティ"（accountability）の用語は、その起源を探せば、イギリス近代国家の19世紀後半のグラッドストン内閣のもとで議会が公金の検査を独立の会計検査機関の設置で行うことを定めた会計検査院法にその嚆矢とみることができる。その後、同国でアカウンタビリティは金銭管理の責任からその効率的運用（Value for Money：VMF）まで含めた責任に広げられている。地方税改革に関する1976年のレイフィールド報告ではVFMのアカウンタビリティが求められ、1980年代になると政府文書のいたるところでアカウンタビリティが強調されている[6]。

アカウンタビリティは一般的には、政府が国民、市民（住民）に果たすべき説明責任と解釈されているが、官民が公共圏で協働作業を行うのであれば、アカウンタビリティは政府のみに責任が課されるのではなく、民も官と同様に責任を負わなければならないことは先述のとおりである。公共サービスが官民協働で提供されれば、官

---

6 わが国のアカウンタビリティについては、西尾勝（「アカウンタビリティの概念―第1回公会計監査フォーラムの基調講演より」『会計検査院研究』創刊号、1989年）ではアカウンタビリティは監査により裏付けられ、財政民主主義を確立するものと説明されている。

ばかりに責任を押し付けるわけにはいかなくなる。さらに予算に市民が関わればなおさらである。

　では、どう責任を官と民でシェアするのか。官民の共同事業で第3セクターの責任のあり方が問題となるケースは多い。イギリスではPFI（民間資金等の活用による公共施設等の整備）を活用して英仏間にユーロトンネルが作られたが、開業からしばらくしてトンネル内で大規模の火災事故が起きた。当初これほど大規模な事故は想定していなかったため、その損害をどのように官民でシェアするか裁判沙汰となった。イギリスのPFIはあらゆる事態を想定して契約を交わすことになっているが、それでも想定外の事件が起きてしまった。日本でも第3セクターの共同事業は、争議になった事件でも信楽鉄道事故の補償問題や秋田県住宅公社の販売した住宅に対する補償問題など責任の帰属をめぐって争われてきた事例はいくつか散見される。当初に官民の責任帰属を明示しておいても問題は起きている。

　アカウンタビリティを言うのは易いが、責任を果たし終わるまでは容易ではない。ときには公共サービスの責任は解除されないこともある。政府という課税権をもった主体が責任の中心になるのは官民協働のステージでも変わりはないが、民がどこまで官との協働で責任を負うのかその範囲を決めるのは難しい。アカウンタビリティの用語とともにパーセプチビリティ（perceptibility）が用いられることがある。「知覚・認知できること」という意味であるが、民も公共圏での活動についてアカウンタビリティが発生していることを知覚・認知することが必要であることを意図している。官民双方の「自覚」が求められることになる。

　ではどのように官と民がアカウンタビリティとパーセ

プティビリティを自覚するのか。それぞれの"個"に自覚を促すのは難しいし非現実的である。しかしパーセプティビリティに関しては法規による規制はありえない。規律として順守を求めるしかない。しかし財政現象に関わることになれば、検査・監査が制度として強制される。アカウンタビリティという用語も先述のように、会計検査の創設とともに生まれた。地方自治体で未整備の外部監査制度が整えられることで、アカウンタビリティも強化されよう。

11 これからの市民参加のガバナンス：
　　予算の財政民主主義に関わって

　本書は市民参加予算を題材に「市民参加の新展開」と題して市民参加のガバナンスを論じてきた。最終章では、市民参加予算を財政民主主義の観点で論じながらこれからの市民参加のガバナンスをまとめてみたい。

11－1　市民参加予算と財政民主主義

　財政学では代表民主制を前提として財政民主主義を議論している。現行の予算制度に直接民主制による意思決定の制度を導入することになれば、財政民主主義から論ずる予算は変わるのであろうか。予算については、かつてより、財政学者のG. コルムは「政治的闘争の結果を反映し、また政治的決定を特定の計画に翻訳する道具である」[7]と特徴づけ、また政治学者・A. ウィルダフスキーも自分の好むところを記録させようとする予算は政治過程の核心であると述べている[8]。

　このような政治性の強い予算に代表でない自発的な市民の参加を認めることは、以下のような課題が生じよう。1つは、直接の市民参加を財政民主主義のルールにどう位置づけるのか。すなわち、予算という財政政策の具体的表明である極めて重要な領域に、何の権限も持たない自発的な市民を代表民主制の補完ということだけで挿入を認めることになれば、市民から選ばれた代表者の権限を浸食することになる。制度的にも心情的にも認めがた

7　G. コルム『財政と景気政策』（木村・大川・佐藤訳、弘文堂、1957年）262ページ。

8　A. ウィルダフスキー『予算編成の政治学』（小島昭訳、勁草書房、1972年）7ページ。

い側面をもつ。2つは、自発的な市民によって決定された予算をどう扱うのか。決定された予算が不偏である保障はない。しかし市民参加予算が政治決定で導入されたなら、偏向した決定であっても民主性は認めざるを得ない。ルールとして決めたなら、信頼するしかない。3つは、一時的な自発参加の市民に公正妥当な判断をするための情報はどう提供されるのか。政府と市民の間には依然として情報の非対称が存在する。十分な情報と知識なく予算決定することは危険である。韓国では住民参与予算制の導入にあたって参加する市民に予算学校を用意して予算制度の理解を深めてもらう措置を講じている。財政制度は複雑で難解であるので、市民が予算制度について理解できるような環境を整備している。

　市民参加予算は、その民主性については代表制と直接制の間で調和がとれても財政の民主性は予算プロセスに登場する政治アクターの個別性が強いため簡単には調和はとれない。また自発的市民として匿名の得体のしれないアクターが加わると、財政民主主義は異論を唱えることになるかもしれない。ポルトアレグレの参加予算は民衆集会から参加する市民である。ここでは参加人数が多いので一般的意思として捉えることもできるかもしれないが、他のほとんどのケースでは１％にも満たない参加である。これに対しては、参加市民は無作為抽出などによる参加が財政民主主義から要請されよう。

11－2　市民参加のガバナンスのカタチ

　最後に、市民参加予算を巡る市民参加のガバナンスがどのようなカタチになるのか。すなわち、どのような市民がどのように予算に参加して公共のガバナンスをカタチづくるのか考えてみたい。

わが国の制度的な市民参加は、地方自治体には住民の直接参加が広く認められている。自治基本条例や住民参加条例が多くの自治体で制定され、直接民主制が保障されている。この点から考えれば、あえて市民参加予算にこだわることはないかもしれない。これに対して国への市民参加は、請願など制度はあるがほとんど機能していない。国民的な問題に賛否を問うレフェレンダムは認められていない。ようやく憲法改正が議論されて国民投票が取り上げられてきた。

　地方の市民参加が制度化されてきた動因は、市民の側の運動があったからである。篠原一の『市民の政治学』で論じているように、「第二の近代」における市民社会の出現が地方自治を発展させ市民に自治権を獲得させた。そういう点から考えれば、市民参加のガバナンスは市民自らが政府との学生運動などの闘争をとおして勝ち取ってきた面ももつ。しかしその後は第1章でみたように、政治への参加は年々減少し、自治会への参加も少なくなっている。公共のガバナンスがいわれながらも実際には限られた市民による統治でしかない。

　今後、高齢層の割合が年々高くなるなかで公共圏に参加する年齢層が偏れば、公共のガバナンスはますます偏った年齢層によって公共のガバナンスは支配される。市民参加は自発的な行動であるので社会がそれを是認するならそれで問題ない。しかし、社会が望む方向と姿は自発的な市民のみによるガバナンスで決められるものではないであろう。ただし、他方で公共圏に参加しない市民も公共のガバナンスで決められた結果には責任を負わなければならない。公共への市民参加の重要性を市民参加予算をとおして学べれば、民主性を超えた役割をもつことになろう。

参考資料：韓国住民参与予算制に関する資料（日本語訳）

「地方財政法」
第39条（地方予算編成過程においての住民参加）　①地方自治体の長は大統領が定めにより地方予算編成過程における住民が参加する手順を準備し、これを施行しなければならない。②地方自治体の長は、第１項により予算編成過程に参加する住民の意見を収集し、この意見書を地方議員に提出する予算案に添付することができる。

「地方財政法施行令」
第46条（地方予算編成過程の住民参加手順）①法第39条の規定による地方予算編成過程へ住民が参加できる方法は次の各号とする。
 1．主要事業に関する公聴会又は懇談会
 2．主要事業に関する書面又はインターネットでの設問調査
 3．事業公募
 4．この他に、住民の意見収集に適合すると認定し、条例で定める方法
②地方自治体の長は第１項の規定により、制定された住民の意見を検討し、この結果を予算編成時に反映させることができる。
③この他に、住民参加予算の範囲・住民意見収集に関連する手順・運営方法等、具体的な事項は地方自治体の条例で定める。

忠清南道「道民参与予算制運用条例」
（制定）2011年11月10日　条例第3639号
第１条（目的）　この条例は「地方財政法」第39条及び同様の法の施行令第46条の規定により、忠清南道の予算編成過程に道民参加を保証し、予算編成の透明化を高めるために必要な事項を規定することを目的とする。

第2条（用語の定義）　この条例で「道民」とは次の各号の者を言う。
　1．忠清南道（以下「道」とする）に住所を置く者
　2．道管轄地域に所在する機関、団体に勤務する者
　3．道内に営業所の本店、又は支店を置く事業者の代表者、又は役員、職員

第3条（法令遵守義務）　この条例による予算編成時の道民参加手順及び方法等は「地方自治法」、「地方財政法」、この他に地方自治体の予算編成に関する規定となる法令に違反してはならない。

第4条（道知事の責務）　忠清南道知事（以下「道知事」とする）は、予算を編成する段階から道民が十分な情報を得て、道民が意見を表明する機会を持てるように情報公開と道民参加に務めなければならない。

第5条（道民の権利）　道民は誰でも、この条例が定める範囲内において、道予算編成に関連する意見を提案することができる。

第6条（運営計画の策定及び公告）　道知事は、予算編成方針、道民参加予算の範囲、道民意見収集手順及び方法等を明確に示す「道民参加予算運営計画」を策定し、道のインターネット、ホームページ等を通じこれを公告しなければならない。

第7条（意見収集手順等）　①道知事は予算編成に関して道民の意見を収集するため、説明会、公聴会、討論会等を開催することができる。②道知事は、必要な時には、重要事業に関し、書面又はインターネットによる設問調査及び事業公募等を通じ、意見を収集することができる。

第8条（意見提案方法）　予算編成に関連する意見を提案しようとする道民は、第6条の規定により道知事が策定した「道民参加予算運営計画」で定めることにより意見を提案しなければならない。

第9条（結果公開）　道知事は第8条の規定により提案された意見収集の結果を、インターネット、ホームページ

等を通じ公開しなければならない。

第10条（道民参加予算委員会）　道知事は、道予算の編成過程に、道民を参加させるために、道民参加予算委員会（以下「委員会」と言う）を置くことができる。

第11条（委員会の役割）　委員会は次の各号の役割を遂行することとする。
　１．予算編成方針に関する意見の提出
　２．予算編成に関する意見を収集、集約する活動
　３．この他に委員会の目的達成のため必要な活動

第12条（委員会の構成）　①委員会は、委員長１名と副委員長１名を含む40名以内の委員で構成され、委員長と副院長は委員により互選することとする。②委員は次の各方のいずれかひとつに該当する者の中から道知事が委嘱するものとする。
　１．道知事が推薦する者
　２．市長、郡主が推薦する者
　３．道議会から推薦があった者
③委員長、副委員長及び委員の任期は２年とする。ただし、委員の辞任等により、新たに委嘱する委員の任期は前委員の在任期間とする。

第13条（委員会の運営）　①委員会事務を処理するために、幹事１名を置くこととし、幹事は委員会を主管する部署の担当事務官が受け持つこととする。②委員会は必要とされる場合、関係公務員又は専門家を出席させ、意見を聴取するなど資料提出等を要求することができる。

第14条（会議及び意見）　①委員長は、予算編成において意見の収集等の必要性が認められる時は、委員会を開催する。②道知事が委員会の意見収集が必要な場合は、委員会を招集することができる。③委員会は、在籍委員の過半数の出席で開会し、出席委員の過半数の賛成で意見を行う。

第15条（会議録公開の原則）　委員会の会議は公開することとし、「公共機関の情報公開の関連法律」第９条第１

項で定められた規定を除いては、会議終了後、7日以内に会議開催日時、審議案件、出席議員氏名、発言内容、決議内容等を含めた議会録をホームページを通じ公開することを原則とする。

第16条（解嘱）　道知事は委員が次の覚悟のいずれかひとつに該当する事由がある時は、任期前でも解嘱することができる。
  1．他の地域に居住地や事業場を移転した場合
  2．疾病や海外旅行等で6ヵ月以上業務を遂行することが困難な場合
  3．一身上の理由で自ら辞任する場合
  4．委員会運営の趣旨、原則、目的、役割等に反する行為を行った場合
  5．この他、この職の職務を疎かにする行為や職務を遂行することが困難と判断された時

第17条（委員に対する研修）　道知事は、委員会委員又は参加を求める道民を対象として、予算の編成過程と道民参加方法・委員会運営計画等に関する事項についての研修を実施することができる。

第18条（制定及び実務支援）　①道知事は、委員会の円滑な運営のため会議場所及び事務処理等行政的支援を行うことができる。②道知事は委員会の会議運営と住民意見の収集を行うための説明会、公聴会、討論会、道民予算教育等に必要となる費用を支援することができる。③委員会の委員が会に参加したり、公務で出張する場合は、予算の範囲内で、「忠清南道委員会実費弁償条例」の定めにより手当と旅費を支給することができる。

第19条（施行規則）　この条例の施行と関連する必要な事項は規則で定める。

付則（条例第3639号）
　この条例は、公布の日から施行する。

参考文献

猪口孝（2012）『ガバナンス』（現代政治学窓書2）東京大学出版会。

ウィルダフスキー、A.（小島昭訳）（1972）『予算編成の政治学』勁草書房。

植村邦彦（2010）『市民参加とは何か　基本概念の系譜』平凡社。

宇野二朗（2013）「ドイツ都市自治体における市民予算」自治体国際化協会、平成24年度比較地方自治研究会調査研究報告書。

おおさか市町村職員研修センター（2012）『平成23年度大阪府市町村職員海外研修報告書』大阪府市町村振興協会。

大住荘四郎（1999）『ニュー・パブリックマネジメント―理念・ビジョン・戦略―』日本評論社。

奥野信宏・栗田卓也（2011）『新しい公共を担う人びと』岩波書店。

片木淳（2007）「都市州ブレーメンにおける財政再建と市民参加」、自治体国際化協会『平成18年度比較地方自治研究会調査研究報告書』。

片木淳（2012）「ドイツの『市民共同体』構想と市民参加の諸手法」、アーバンハウジング『ドイツの市民参加の都市政策、都市と住宅地再生の動向調査』。

金子郁容・藤沢市市民電子会議室運営委員会（2004）『eデモクラシーへの挑戦』岩波書店。

兼村高文・ララッタ、ロザリオ（2011）「市民参加予算のこれから：各国の現状から考える（上）（中）（下）」6月、8月、9月号、税務経理協会。

兼村高文・洪 萬杓（2012）「住民参加型予算の現状と今後―日韓の事例を中心に―」『自治総研』2012年7月号、通巻405号。

小池洋一（2004）「ブラジル・ポルトアレグレの参加型予

算―グッド・ガバナンスと民主主義の深化―」『海外事情』2004年12月号、拓殖大学。
小池洋一（2011）「ブラジル・ベロオリゾンテ市の参加型予算」立命館経済、第59巻、第6号。
斉藤貴男（2011）『民意のつくられかた』岩波書店。
佐藤徹・高橋秀行・増原直樹・森賢三（2005）『新説市民参加―その理論と実際』公人社。
篠藤明徳（2006）『まちづくりと新しい市民参加―ドイツのプラーヌンクツェレの手法―』イマジン出版。
篠原一（1977）『市民参加』岩波書店。
篠原一（2004）『市民の政治学―討議デモクラシーとは何か―』岩波書店。
篠原一（2006）『歴史政治学とデモクラシー』岩波書店。
篠原一編（2012）『討議デモクラシーの挑戦―ミニ・パブリックスが拓く新しい政治―』岩波書店。
申龍徹（2007）「住民参加制度の日韓比較」『自治総研』通巻344号。
坪郷實（2006）『参加ガバナンス―社会と組織の運営革新』日本評論社。
ディーネル、P.（篠藤明徳訳）（2012）『市民討議による民主主義の再生』イマジン出版。
田尾雅夫（2011）『市民参加の行政学』法律文化社。
ギデンズ、A.（1999）（佐和隆光訳）『第3の道―効率と公正の新たな同盟』日本経済新聞社。
中邨章（2003）『自治体主権のシナリオ　ガバナンス・NPM・市民社会』芦書房。
永田祐（2011）『ローカル・ガバナンスと参加』中央法規。
日本都市センター編集（2012）『自治体の予算編成改革―新たな潮流と手法の効果―』ぎょうせい。
牧田義輝（2007）『住民参加の再生―空虚な市民論を超えて―』勁草書房。
松下啓一・茶野順子（2006）『新しい公共を拓くパーセント条例』慈学社。

松田真由美（2006）「自治体予算編成過程への市民参加」『トルクレポート』とっとり政総合研究センター。

松下啓一・茶野順子（2006）『新しい公共を拓くパーセント条例』慈学社。

松下冽（2006）「ブラジルにおける参加・民主主義・権力―労働者党とローカル政府への参加型政策―」『立命館国際研究』No.18-3。

山崎圭一（2009）「ブラジルの都市自治の新手法―「参加型予算」の動向と課題」住田育法監修『ブラジルの都市問題―貧困と格差を越えて』春風社。

山本清（2003）「NPMの国際比較―その有用性と課題―」『季刊行政管理研究』No.103、行政管理研究センター。

ミシェフスカ、P.（2005）「中東諸国におけるパーセント法の起源と過程―ハンガリーとポーランドの場合―」『応用社会学研究』立教大学、No.17。

ハーバーマス、J.（1994）（細谷貞雄・山田正行訳）『公共性の構造転換』未来社。原著は、Habermas, J. (1962), *Strukturwandel der Offentlichkeit*.

ハーバーマス、J.（2003）（河上倫逸・耳野健二訳）『事実生と妥当性（上、下）』未来社。原著は、Habermas, J. (1992), *Faktiziat und Geltung*.

フィシュキン、J.（2010）（曽根泰教監訳）『人々の声が響き合うとき』早川書房。原著は、Fishkin, S. J. (2009), *When the People Speak, Oxford*.

宮川公男・山本清（2002）『パブリック・ガバナンス 改革と戦略』日本経済評論社。

寄本勝美・小原隆治編（2011）『新しい公共と自治の現場』コモンズ。

李 憲模（2011）「韓国の地方自治における住民参加の仕組みと課題」『新しい公共と自治の現場』コモンズ。

渡辺 樹（2007）「議会制民主主義と政治参加」『レファレンス』2007.5。

Allegretti, G. (2003), *L'insegnamento di Porto Alegre.*

Autoprogettualità come paradigma urbano, Alinea Editrice, Firenze.

Arnstein, S. R. (1969), "A Ladder of Citizen Participation," *Journal of the American Institute for Planning*, Vol. 35, No.4, July, pp. 216-224.

Avritzer, L. (2009), *Participatory Institutions in Democratic Brazil*, The Johns Hopkins University Press, Baltimore.

Baierle, S. (2007), *Urban Struggles in Porto Alegre: between Political Revolution and Transformism*, NGOCidade, Porto Alegre.

Baiocchi, G. (2005), *Militants and Citizens. The Politics of Participatory Democracy in Porto Alegre*, Stanford University Press, Stanford.

Baiocchi, G. and. Lerner (2007), Could Participatory Budgeting Work in the United States? *The Good Society*, Vol. 16, No. 1, pp. 8-13.

Bassoli, M. (2012), Participatory Budgeting in Italy: An Analysis of (Almost Democratic) Participatory Governance Arrangements, *International Journal of Urban and Regional Research*, Vol. 36. 6. pp. 1183-1203.

Bqb, InWEnt and CBM eds. (2000), Documentation of the Congress, International Congress on Models of Participatory Budgeting, Bonn: GIZ,

Bruce, I. ed. (2004), *The Porto Alegre Alternative: Direct Democracy in Action*, Pluto Press.

Communities and Local Government, *An Action Plan for Community Empowerment:*

Community Pride Initiative (2000), *A Citizens' Budget. Regenerating local democracy through community participation in public budgeting*, CPI.

Dahl, R. (1989), *Democracy and its Crisis*, Yale

University Press.

Denhardt, J. V. and Denhardt, R. B. (2007), *The New Public Service*, M. E. Shape.

Department of the Environment (1998), Transport and the Regions, *Modern Local Government: In Touch with the People*, DETR.

Fedozzi, L. (2007), *Observando o Orçamento participativo de Porto Alegre*, Tomo, Porto Alegre.

Geissel, B. (2009), "Participatory Governance: Hope or Danger for Democracy? A Case Study of Local Agenda 21", *Local Government Studies*, Vol. 35, №4, August.

Goldfrank, B. (2011), *Deepening Local Democracy in Latin America, Participation, Decentralization and the Left*, The Pennsylvania State University Press.

Gret, M and Y. Sintomer (2005), *The Porto Alegre Experiment: Learning Lessons for Better democracy*, Zed Books.

Harvard University Center for Urban Development Studies (2003), Assessment of Participatory Budgeting in Brazil, Washington DC: Inter-American Development Bank.

Hamlin, A. and Pettit, P. eds. (1989), *The Good Polity: Normative Analysis of the State*, New York, Basil Blackwell.

Hood, C. (1991), "A Public Management for All Seasons", *Public Administration*, Vol. 69, spring.

Hwang, Y. (2008), "Citizen Involvement in Budgeting: The Citizen Participatory Budgeting (CPB) Experience in Korea".

Laratta, R. ed. (2013), *Empirical Policy Research: Letting the Data Speak for Themselves*, Untested Ideas Research Center, New York.

NGO Cidade in Porto Alegre, http://www.ongcidade.org/site/php/comum/capa.php

Novy, A. and B. Leubolt (2005), "Participatory Budgeting in Porto Alegre: Social Innovation and the Dialectical Relationship of State and Civil society", Urban Studiess, Vol. 42, No.11.

Osborne, D. and T. Gaebler (1993), *Reinventing Government:* , Addison-Wesley. 日本語訳は『行政革命』(野村隆監修嵩地高司訳) 日本能率協会、1995年。

Osborne, P. S. edt. (2010), *The New Public Governance*, Routledge.

Pierre, J. and B. G. Peters, (2000), *Governance, Politics and the State*, St. Martin's Press.

Rhodes, R. (1997), *Understanding governance: policy networks, governance, reflexivity, and accountability*. Buckingham Philadelphia: Open University Press.

Shah, A., edt. (2007), *Participatory Budgeting*, The World Bank.

Sintomer, Y. and Gret, M. (2005), *The Porto Alegre Experiment, Learning Lessons for Bette Democracy*, Zed Books.

Sintomer, Y., Herzberg, C. and Allegretti, G. (2013), *Dialog Global: Participatory Budgeting Worldwide-Update Version*, No.25, English version, published by InWEnt gGmbH, Germany.
http://www.buergerhaushalt.org/sites/default/files/downloads/LearningfromtheSouth-ParticipatoryBudgetingWorldwide-Study_0.pdf

Sintomer, Y., Traub-merz, R. and Zhang, J. eds. (2013), *Participatory Budgeting in Asia and Europe: Key Challenges of Participation*, Palgrave Macmillan.

Wampler, B. (2007), *Participatory Budgeting in Brazil-Contestation, Cooperation, and Accountability-*,

Pennsylvania State University Press.

Wampler, B. (2009), *Participatory Budgeting in Brazil*, Pennsylvania State University Press.

World Bank (2008), *Brazil Toward a More Inclusive and Effective Participatory Budget in Porto Alegre*, World Bank, Washington, D.C.

●編・著者紹介

編著者
兼村高文（カネムラ・タカフミ）
　明治大学公共政策大学院ガバナンス研究科教授、明治大学市民ガバナンス研究所代表。NPO法人市民ガバナンスネットワーク理事長。
　担当　第Ⅰ編、第Ⅱ編第5・7・8章、第Ⅲ編

著者
洪萬杓（ホン・マンピョ）
　韓国忠清南道国際チーム長、明治大学市民ガバナンス研究所客員研究員、NPO法人市民ガバナンスネットワーク副理事長、政策学博士。
　担当　第Ⅱ編第7章、韓国地方財政法及び忠清南道庁条例翻訳、参考資料翻訳

Rosario Laratta（ロザリオ・ララッタ）
　明治大学公共政策大学院ガバナンス研究科特任准教授、明治大学市民ガバナンス研究所研究員、NPO法人市民ガバナンスネットワーク理事、PhD。
　担当　第Ⅱ編第6・7章、第Ⅲ編第9・11章

※明治大学市民ガバナンス研究所およびNPO法人市民ガバナンスネットワークのホームページは、http:// www.governance.jpです。市民参加のガバナンスに関連した情報を随時提供しています。

コパ・ブックス発刊にあたって

　いま、どれだけの日本人が良識をもっているのであろうか。日本の国の運営に責任のある政治家の世界をみると、新聞などでは、しばしば良識のかけらもないような政治家の行動が報道されている。こうした政治家が選挙で確実に落選するというのであれば、まだしも救いはある。しかし、むしろ、このような政治家こそ選挙に強いというのが現実のようである。要するに、有権者である国民も良識をもっているとは言い難い。

　行政の世界をみても、真面目に仕事に従事している行政マンが多いとしても、そのほとんどはマニュアル通りに仕事をしているだけなのではないかと感じられる。何のために仕事をしているのか、誰のためなのか、その仕事が税金をつかってする必要があるのか、もっと別の方法で合理的にできないのか、等々を考え、仕事の仕方を改良しながら仕事をしている行政マンはほとんどいないのではなかろうか。これでは、とても良識をもっているとはいえまい。

　行政の顧客である国民も、何か困った事態が発生すると、行政にその責任を押しつけ解決を迫る傾向が強い。たとえば、洪水多発地域だと分かっている場所に家を建てても、現実に水がつけば、行政の怠慢ということで救済を訴えるのが普通である。これで、良識があるといえるのであろうか。

　この結果、行政は国民の生活全般に干渉しなければならなくなり、そのために法外な借財を抱えるようになっているが、国民は、国や地方自治体がどれだけ借財を重ねても全くといってよいほど無頓着である。政治家や行政マンもこうした国民に注意を喚起するという行動はほとんどしていない。これでは、日本の将来はないというべきである。

　日本が健全な国に立ち返るためには、政治家や行政マンが、さらには、国民が良識ある行動をしなければならない。良識ある行動、すなわち、優れた見識のもとに健全な判断をしていくことが必要である。良識を身につけるためには、状況に応じて理性ある討論をし、お互いに理性で納得していくことが基本となろう。

　自治体議会政策学会はこのような認識のもとに、理性ある討論の素材を提供しようと考え、今回、コパ・ブックスのシリーズを刊行することにした。COPAとは自治体議会政策学会の英略称である。

　良識を涵養するにあたって、このコパ・ブックスを役立ててもらえれば幸いである。

自治体議会政策学会　会長　竹下　讓

COPA BOOKS
自治体議会政策学会叢書

市民参加の新展開
世界で広がる市民参加予算の取組み

発行日	2016年5月23日
編著者	兼村　高文
監　修	自治体議会政策学会Ⓒ
発行人	片岡　幸三
印刷所	今井印刷株式会社
発行所	イマジン出版株式会社

〒112-0013　東京都文京区音羽1-5-8
電話　03-3942-2520　FAX　03-3942-2623
http://www.imagine-j.co.jp

ISBN 978-4-87299-726-2 C2031 ¥1200E
乱丁・落丁の場合には小社にてお取替えいたします。